U0793450

我爱问连岳 之

少年问答 2

译林出版社

目 录

1 实现梦想的最短路径

人是慢慢长大的，梦想是慢慢实现的。

2 为什么学生只有好好学习这唯一的选项

知识将我们引领至更广阔的世界。

3 我为什么要那么累

人不可能永远幸福，经历过痛苦后，幸福更稳固。

交朋友是一生的学问，其中的尺度、技巧与分寸，可能要花一生去摸索。

5 家人之爱，是爱的最好形态

家庭是座宝藏，藏着解决许多问题的钥匙。

1

实现梦想的最短路径

人是慢慢长大的,梦想是慢慢实现的。

实现梦想的最短路径

连叔：

您好！

首先很感谢您能看我的这封信。

我是一名深圳的初三学生，七天后我将迎来我人生当中重要的一关——中考。在平时的学习中，我是一个不用扬鞭自奋蹄的孩子，父母从来不给我施加压力，这也恰好让我有了自律的好习惯。可能大家都会觉得“都这么优秀了，未来肯定前途光明啊”，但是这样的我，对于自己的未来却没有遐想，这也是令我苦恼的事情。

我经常会问自己一个问题：上了高中后，你想干吗？我却总是答不出来……现在的我在努力实现考个好高中的目标，可是当

* 本书读者来信均为真实来信，存在语言表达不尽规范之处，为反映来信者真实状态，编辑仅做适度调整。特此声明。

我真正考进去后,我无法想象我将会有怎样的迷茫。

从小我就喜欢琴棋书画,不过最喜欢的还是唱歌,甚至想把这个当作未来的职业,现在我依旧有这个想法。初二的时候我还不成熟地想去考专业学校。当然,被父母否决了。每当父母问我,你长大想做什么,想考什么大学的时候,我就不敢吱声了。因为只要我一说想上音乐学院,他们就只会往我碗里夹菜,却什么都不说,明摆着——他们并不支持我。我从不与父母争吵,只能闭口不言。渐渐地,我被他们洗脑了,爸爸希望我考深大,毕业后他可以帮我安排个好职位,母亲也是如此,她希望我能做个英语老师。其实父母是很支持我学声乐的,但他们却把兴趣和职业划分得很分明。现在每当他们问我理想时,我都会说,“我想做个翻译官”“我想做个英语老师”。但我心里最明白,我从来就没想过这些。

通过跟同学们的交流,我了解到大家都很有志向,想搞科研,想学医,想当律师,等等。那些我觉得很难实现的理想,在他们口中却可以轻而易举地被说出来,我却始终不敢对别人说,我想唱歌。所以现在的我,不知道自己到了高中,又该有怎样的目标,到底是选择风险大、不稳定的梦想,还是选父母觉得安稳踏实的,灌输给我的理想呢?希望您能给些建议,谢谢。

寻梦道上迷失了方向的人

*　*　*

寻梦道上迷失了方向的人：

想当歌手可以，谁不想当超级巨星呢？

但路径反而不是去考什么艺校，甚至不要把心思放在这块。原因很残酷，越大的歌星越不是训练出来的，他们的走红主要靠运气，是不可控的小概率事件。你很容易发现龙套演员比大明星漂亮，演技也不差。唱歌水平高过歌星的路人甲，多得是。他们有梦想，也努力，为什么红不了？就是没那个运气。

包括歌手在内的娱乐业，非常独特，是最典型的赢者通吃，走运走红的那几个人，拿走绝大多数利润，其他人分点残羹冷炙。这和搞科研、当医生、做律师不同。这些行业的形态呈正常的金字塔形，超级巨星一样的业内名人站在塔尖，不同水平的从业者逐层分布，生活也不差。大医生固然受人追捧，小医生也有病人感恩，都很体面。进入这些行业不难，考入大学读相关的专业，获得执业资格，即可。

上了高中干吗？答案简单，学好高中的课业。有意思的是，你是学霸，将来做一个优秀的大学生，成为歌手的概率反而大一点。因为这种背景会让人眼前一亮，打破人们的思维定式：想当歌手的孩子，肯定不愿读书，不尊重父母的爱与付出，不过是来娱乐圈碰碰运气的“傻子”罢了。你完全颠覆了这种偏见，人们肯定更愿意关注你。科学家会唱歌，那是锦上添花。小歌手走投无路街边卖唱，人们会觉得他吵，无人雪中送炭。在一个知识型的社会，知识就是力量。自然界力量大的动物地位高，人类社会知识多的人地位高，受人尊敬。这是为什么要好好读书的重要原因。

而获取知识，却不必靠运气，好学就行，这是一条好走的大路。你能自律，那你在这条路上的前进速度就比别人快，只要心无旁骛，学而不厌，你的一切梦想就都更容易实现。

祝开心。

连岳

北京孩子如何走出北京？

连叔：

您好！

我是一名北京的高三考生，关注您的公众号是因为老师分享了您的推文（大概是在今年寒假的末尾几天）。自此，我每天都会读您给来信者答疑解惑的文章，这对我的心态助益很大。尤其是在我最迷茫的一段高三时光中，恰巧看到您告诉一位来信的高三生要“心如止水地按照每天的安排进行简单重复”，我一下子摆正了自己的心态，自此我单方面将您视为我的忘年之交。您是一位温和智慧的长者，非常感谢您！

今天刚发了高考成绩，没有让人大跌眼镜的失望，也没有喜出望外的超常发挥，顶多算是轻微失常吧。我现在正在纠结选大学，因此写信想听听您的建议。很多人或许迷茫的是专业，但我很早就定下来要读临床医学，我的性格适合读这个专业，身边人也都很支持。

但是选大学的时候我犹豫了，目前我的分数能上华中科技大学、中山大学的临床（五年制），四川大学的临床（八年制），而且相对稳。但是长辈都建议我留北京，连广州这样的一线城市也因为只能上五年被他们否了（我自己也不太习惯那边的气候）。如果是其余两所的话，我也在想是不是从一线城市到二线城市实在太不划算了？他们都想让我上北京本地的首都医科大学（八年制），但是因为市属院校的性质它在本地招生招得多，且学校本身不能和综合性的985、211类大学相媲美，各种因素导致它的分数线相对低，我的分数去那里不是很值，而且大家似乎都觉得这里不好。说句实话，没有虚荣心是不可能的，如果可以，我还是希望得一个好大学毕业生的头衔，这样别人问起来的时候，我会更自信一些，而不是花时间解释“其实首医很好”。不过反思下来，是不是我真的对地域的重视程度太低了？长辈们建议的或许才是长远之策？

希望拥有无限可能的黄毛丫头

* * *

希望拥有无限可能的黄毛丫头：

你既然早早有志于临床医学，大学是好选的，选自己能够达到的专业水平最高的那一所。如果这大学不在北京，你就离开北京。由此可见，我和你家长辈们的意见不同。

生在北京是幸运的。北京的首都地位，保证了它永远是中国最重要的城市。但是如果自我贵族化，除了北京哪里都看不上，这出生福利就变成了枷锁，让人眼界变小，机会变少，还会让人无比脆弱，觉得离开北京就活不下去了。

将来你成了大医生，人们会根据两个标准对你进行判断，一是你是否心地仁厚，二是你的医术是否高明。读更好的大学，就有更好的医术。而这更好的大学不在北京，你并没有因此小瞧它，这就是仁厚。这些大学，你不选它们，它们的损失微乎其微，它们不会没有学生收；你选它们，是你自己能在心仪的专业有更大收获。

人天生是不平等的，出生在乡村与出生在北京，怎么平等？所以，乡村的孩子可能更易自卑，北京的孩子可能有更多自豪。但从不同的道路登山，在山顶相见时，人最终是平等的，获得的智慧与意义是一样的。超越自卑的孩子，将自卑转化成了韧性与生命力。自豪没有变质为自大的孩子，将自豪转化成了感恩与慈悲。自己确实很重要，但自己的专业、成就与智慧，若没有用来改善他人与世界，自己就重要不起来。

登人生这座高山，越往上，视野越开阔，心胸越开阔，到最后，你会爱世界，爱人类，怎么会只爱北京？你读大学，有机会离开北京几年，就是将北京孩子的自豪转化成更大能量的开始。

祝开心。

连岳

为幸福而羞愧的少年

敬爱的连叔：

您好！

我是一名初二学生（男生），我的学习还算好，到初三是有把握拿下心仪的高中的。

我的梦想也十分明确——成为一名驻芬兰的外交官。我想考入人民大学并延迟入学两年去参军，然后去外交学院进修。

如此看来我根本没有对人生的困惑，不是吗？

但我失眠了。

晚上，我在床上躺着，听着空调的呼啸声，便觉得自己对不起那些为我创造这一切的人们。如果我生在一百年前，此时我才刚刚结束了十二个小时的工作，在机床下面的破布堆里躺下，肚子里塞了小半块发霉的大饼，耳边是夜班机床的轰轰声。

但是现在我耳边是空调运行的声音，不是钻机搅动的声音。

我的困惑很简单，我觉得我何德何能享受千万人用生命换来的盛世。我现在除了好好学习天天向上之外，无法为国家做什么实质性的事情。

我在网上说过这个事，有人说我不该自责，而是要保卫他们所留下的……盛世（我想不到恰当的词，记不清当时他说的了），也有人说完全理解我们的无能。我知道，我有这样的想法是好的，我也知道前人肯定不会希望我这样自责。但是……

您可以不着急回复我，毕竟我数羊数到三位数还是能睡着的，但如果您有能让我停止数羊的方法，我将不胜感激。

英特纳雄耐尔就一定要实现。

一位康米

距一百年还有三天时书

* * *

一位康米：

估计你是被《觉醒年代》打动了。我建议没有看过这部剧的青少年在假期都看一看，必能引起有益的反思。个人的进步需要这种反思，这是中华文明的精髓之一，如曾子说的：“慎终追远，民德归厚矣。”经常缅怀那些为后人做了贡献的前人，我们的品德就会变得厚重。中国人的责任感就是这么建立起来的，不忘前人，又为后人开路，视野突破了一生的局限，自然更不容易急功近利，也更能经受挫折。

我倒不觉得你要为自己现在的幸福生活而羞愧，该吹空调还是要吹的。你现在的幸福，正是前人伟大的证据。如果你现在还要干十二小时的工作，吃不饱，穿不暖，没书读，你也不会觉得前人伟大。《觉醒年代》之所以能征服青少年，重要的原因就是这些青少年出生在和平富裕的年代，与百年前的生活形成强烈的对比。大家深深地同情当时不幸的青少年，也感谢像延年、乔年一样为理想而牺牲的青少年。脱离了整个时代的烘托——没有两年来防疫取得的巨大成功——这部电视剧不可能有这么大的感染力。

你不长的邮件有十个地方格式错误、标点遗漏，我一一订正了，我觉得这才是需要羞愧的地方。吹着空调，写一封邮件却这么粗心、随意，你表达的感情与理想大打折扣。你这若是给《新青年》的投稿，以仲甫先生的火暴脾气，非骂你个狗血淋头不可。每一代人都有其独特的使命，幸福的一代并非只剩下羞愧。你有饭吃，你的使命是吃得健康；你有书读，你的使命是努力读书；你不用离家当童工，你的使命是尊敬父母；你不用在朝鲜战场上与美军拼命，你的使命是在科技上超越美国。只有我们忘记使命，没有为使命努力过，才需要羞愧。

每一代人都可建功立业，加油吧，少年！

祝开心。

连岳

致一位未来的好作家

连岳叔叔：

您好！

暑假后我就要上三年级啦。我有个梦想，我想像J. K. 罗琳一样写一本小说，然后赚好多好多钱，可是我不知道要怎么样做出版社才会出版我的书。

您出版了好多书，能教教我吗？先谢啦！祝您和阿姨安康！

tongtong

* * *

tongtong：

出版一本书并不难，你三年级就有这志向，今后坚持多阅读、多写作，把各门功课都学好，认真生活，到三十二岁时，像J. K. 罗琳一样出版自己的第一本书，是可以实现的。

多阅读不仅指数量，还指质量。一年读了一百本书是多阅读，一本好书一年读了一百遍也是多阅读。有些小朋友家境并不富裕，借书也未必容易，但不要气馁，把手头的语文书吃透了，把每一个字、每一个标点都使用正确，对每一个方法、每一个观点能够举一反三，灵活运用，照样能练出一身本事。

多写作不是指一开始就要写小说、写大文章。找一个本子，一句话也好，一段话也好，你觉得好，就写下来。写得多了，你看到的、你想到的，就能用文字准确传达出来，不会变形，这是最基本的，也是最重要的写作能力。

按上面的方法练两年，甚至更短的时间，你的作文就会经常被老师当成范文表扬。此时容易犯一个错误，即把所有精力都放在语文上，数学、科学、外语、体育等其他课程全不管了，只要作文得表扬就满足了。很多本来可以成为好作家的人，因为这个错误，就没机会了。作家需要世事洞明，人情练达。各门功课都好，掌握多种分析工具与思维方式，对写作是大有帮助的。不然当了作家也不入流，只会玩弄一点文字，呆头呆脑。

以后你出了书，能不能像J. K. 罗琳那样赚好多好多钱，得看运气了，没有方法与路径可以让任何一个作家实现这个愿望，再有本事的作家都不行。书写得不比J. K. 罗琳差的作家有不少，但都没什么钱。我很早就知道这点，如果指望写作赚钱，那可能得穷死，这对不起家人。现在我虽然比多数作家挣得多，但我的主要收入还是来自开公司与投资。

我不仅自己出书，还会推荐书，挑出那么百分之三四的好书，所以，我对各类作家，对出版的整个流程很熟悉。有一部分人是把钱放在第一位的，他们不在乎书的质量，只是想尽手段吹嘘、营销，给读者洗脑，搞读者的钱，这些人出不了什么好书，偶有好书，也会被他们玩得变味。相反，把价值放在第一位的人，才能够持续产出好书，我只会尊重这样的人。我曾收到过一位大作家主编的一套书，翻开一看，竟是粗制滥造的搞钱书，这种书卖得越好越可耻。因为此事，他在我心中便死了，我还在办公室伤感了一会。我不会原谅故意出烂书的人，即使这书赚了再多钱。书是很特殊的商品，骗钱事小，骗了人家的时间，骗了人家相信错误的观念，那相当于谋杀。

你想当一个有责任感的作家，当一个伟大的作家，那就得把通过出书“赚好多好多钱”这个愿望划掉，书是给人价值、成人之美的，把书写好就行了。有钱是意外之喜，出书没赚到钱，没关系，我们用别的本事赚钱。

祝开心。

连岳

少年如何度过关键的几年？

连叔：

您好！明天我就要出发去上大学了，和我预想的不一样，我本以为我会兴奋得睡不着觉，结果是难过得睡不着……上了大学，我不能再什么东西找不到时就喊一声“妈”，不能饿了就让爸爸给做东西吃，不能享受大爷二大爷每次来我家带来的好吃的，不能回到姥爷家、奶奶家享受幽静的田园时光……在要离家的这一刻，我才知道有这么多人爱我，才知道能毫无顾忌地发泄自己的脾气是一件多么奢侈的事儿。

我家住在北方，大学在南方，今后回来的机会很少很少，我怕等我回家时，奶奶、姥爷更苍老了，爸爸妈妈的白发增多了，我怕家人们悄悄抹去的泪水，我怕家人们对我依依不舍的眼神……连叔，今后的路真的只有我自己走了，一个人去接受历练，一个人不断成长。我只希望我平安，这样爱我的人就不会难过。我也只希望爱我的人平平安安，健健康康。

连叔，和您说完我好受了许多。同时我也想请教您，在大学中我们必须做哪些事儿呢？应该着重做哪些事儿，避免做哪些事儿呢？怎么样我才能不荒废大学的时光呢？同时，我害怕与他人产生矛盾，害怕别人对我不友好，我该怎么克服这些呢？期盼您的回信！谢谢连叔！

迷茫的少年

* * *

迷茫的少年：

大学四年，是成长的关键时光，用得好，你可以从迷茫的少年变成坚定的青年；用得不好，你不过是从迷茫的少年变成迷茫的青年。

这几年的主要任务是学会自我管理。

看得出来，你们家的氛围融洽，长辈们爱你，你也心疼长辈。这是学会情感自我管理的好起点。现代教育，以孩子为中心，长辈爱孩子讲得多，孩子尊敬长辈却讲得少，这个平衡点若没有把握好，孩子会变得极度以自我为中心，目中无人——只能人爱我，我绝不爱人，连父母亲人都绝不体谅与心疼，更别说他人。这样的人，不可能与他人建立正常的、温暖的、爱的情感联系，他的一生将陷入低质量的孤立状态，这是最失败的人生。情感管理，忠恕而已，忠是有信用，尊重他人的信任与爱；恕是待人宽容，不斤斤计较，不强求一致，允许人犯错。做到这两点，你在任何地方都能收获善意与朋友。

你害怕父母白发增多，长辈日趋衰老，同理，他们也担心你没有管理好健康。所以，好的情感管理自然导向好的健康管理，因为健康的一大好处就是让爱我们的人放心。在相对宽松的环境中，年轻人很容易“宅”坏身体，使父母心急如焚。你在大学里，要饮食健康，每天保持足够的运动量，最好培养一两项擅长的运动。一个健美的你，是对父母最好的安慰与尊敬。

健康管理得好，将让你得到好的时间管理。你什么时候吃，什么时候运动，都安排得好，那就不会因为睡懒觉、打游戏而彻底打乱生活节奏。时间管理最好细化到每一天，在什么时间段做什么事，心里有数，形成规律，这样时间就无法悄悄溜走，每天都有积累。管理好每一天，大学四年后，你学问的基础与框架就有了，无论是继续深造，还是出来工作，你都有内容可输出，有方法可操作。

时间管理的主要内容是学习自我管理，什么点学什么，一一填满，一天即很充实。在大学做到这点最容易，跟着老师的指引和课程设置即可，不要轻视任何一科，要熬过入门的枯燥期，避免以“我不感兴趣”作为不学习的借口。在这段比较艰难的时期里，你很可能以为自己的兴趣与天分是在电竞、心理学或文学，甚至一门心思要当网红——其实那都是幻觉与逃避，要保持专心，把专业学好。把任何一门专业学好，你得到的都是一套出色的学习方法，可在终生学习中反复使用。

把情感、健康、时间与学习都管理好，则人生无难事。此外，多尝试新鲜事物，读大学让你来到一个饮食、语言与环境都陌生的地方，此时不要往回躲，而要去尝试、去适应，这是大脑大量得到养料的机会期，一生难再有。

祝开心。

连岳

胆小的孩子会唱歌

连叔：

您好！

我是一名三年级的小学生。今天晚上我很苦恼，因为学校老师打来电话，问我加不加入合唱团。我想了好半天也不知道该怎么办。我胆子比较小，但是我唱歌比较好听。我原来担心加入合唱团后可能要在大操场的主席台上表演，不过我又想加入这个合唱团。在爸爸的一番劝说下我感觉加入合唱团也挺好的，可是我胆子真的太小了，我还是十分苦恼要不要加入，这个问题好难啊。

一名苦恼的小学生

* * *

一名苦恼的小学生：

你要参加的。仅凭老师给你打电话，你就应该参加。

老师是长辈，他发现你的才能，想帮助你发展这才能，主动找你，这叫作“礼贤下士”。“士”是什么？是有自尊心的、有德有才的、想有所作为的人，你就是。士的德是什么？最基本的就是要能以礼还礼。来自师长的礼遇，更要用充满敬意的行为回报。

别人对我好，欣赏我、信任我、爱我，我回报他们冷漠、敷衍、欺骗、粗暴，那我就是一个无德之人。说实话，现在不少小朋友都表现得像一个无德之人，父母师长对他好，欣赏他、信任他、爱他，他却回报冷漠、敷衍、欺骗、粗暴。当然，责任不全在小朋友，主要是一些父母长辈也不知道这种行为的危害性，缺乏对这种行为的管教，就会把小孩养成孔夫子所说的没有敬意的“小人”，认为给他爱是应该的，越爱他，他越骄横，只要觉得接收到的爱少了一点，他就怨恨起来。这样的人会给别人制造很大的困扰，自己也活得痛苦，不改的话，年纪越大越痛苦。

所以，敬意教育是成长教育中很重要的环节。老师欣赏你，邀请你加入合唱团，爸爸鼓励你，你以答应回应他们，这简单的一来一往中就完成了一次敬意教育。胆子越小，你答应的价值越大。因为越是答应做对自己来说有突破的事，你表达的敬意就越大。这样做，最终的受益者也是你自己，将来你在大操场的主席台上表演，第一次肯定会怕，但你“不得不”挺住，你不必要求自己表现完美，70分就行。毕竟在合唱团，万一怕得第一句就忘了歌词，张张嘴，其他人唱出来后你就想得起第二句了。第二次，你的怕少掉一半，四五次之后，你就一点都不怕了，胆子变大了。将来，你还能胆子大到在主席台独唱，这是毫无疑问的。

这样一步步由弱变强，正是我们要在学校做的事，也是学习的方法与本质。在合唱团的经验，也能用到学语文、数学及其他一切课程上。学习与成长说简单，也很简单，就是尊敬那些尊敬你的、爱你的人。人有敬意，就能自律，就能产生内驱力，就能补强弱项，做事就会尽力而为。这样的人，必然是幸福的。

祝开心。

连岳

自律、自立、自强，变强大的三大法宝

连岳老师：

您好！

我是一名初一男生。因为出生时缺氧，大脑的运动神经受损，我现在十二岁了，身体特别瘦，说话还口齿不太清，走路步态不好看，不是很稳，各项体育活动也比不上同学们，另外，字也写得不好。

但是，我一直很努力，学习在班上是中上等。现在初中住校，我独自住在学校一个老师（爸妈的朋友）借给我的一间宿舍里，这样就不需要我排队去提水洗澡。我拒绝了妈妈晚上来陪我，我能管理好自己——和同学们一起在食堂吃饭，按学校作息出操上课自习，自己洗衣服。回到家我也能主动帮妈妈做家务，主动做作业不要妈妈操心。老师们都说我很不错，令他们刮目相看。

可是，我们班上有一些同学，总是用讥讽的语气说我是残疾人，瞧不起我，说我的力气比不过他们，打也打不过他们，体育也比不上他们。我心里不在意，就当他们说的话与我无关，我不听。这些说我的同学都是我的小学同学，成绩都没我好。我有两个从小学时就要好的朋友现在都没和我在一个班，我们很少能在一起说话。现在班上同学都不跟我交流，看见我都躲得远远的，我觉得我一直都在自己的世界里没有朋友的陪伴。我似乎习惯了，但我还是很渴望同学们能接纳我，跟我友好相处，不要嘲笑我。

连岳老师，您说我该怎么办？

阳光男孩

* * *

阳光男孩：

表扬你的老师肯定不少。每个老师看到你这样的学生，都会欣喜不已，他们迫不及待地希望所有的学生都具有你这样的品质：自律、自立与自强。这三个“自”，是教育的主要目标，有人初中毕业达到，有人高中毕业达到，有人得等到大学毕业，还有人可能得等到三十岁甚至更老一些，有一些人终生没有达到。没有达到这目标的人，属于教育失败的人。他们的人生处于失控状态，仿佛在噩梦中醒不过来，是很痛苦的。

你早早得到了这三个“自”，领先他人很多，当得起这些表扬。让你困惑的是：老师都肯定了我，为什么有些同学还会攻击我？而且这些攻击还表现得很巧妙，只是用语言伤你，给你造成足够的痛苦，但又不至于违反纪律，属于孩子间的“小纠纷”。你哭，你退让，你向老师诉苦，他们都可以愉快地得出一个结论：这是一个软弱的人，老师表扬错了。这也是他们一再强调你是“残疾人”，力气上不如他们的原因。他们太想看到你弱的一面。

因为你受到了表扬，所以你遭受攻击。这个因果关系，你还不知道。那些攻击你的同学也不知道，他们也不明白自己为什么会忍不住折磨一个其实他们很佩服的同学。这源于人原始的动物争夺本能，你得到了表扬相当于一个猿人占有了很多肉，竞争者千方百计地想抢走。现在已经不需要像猿人一样比体力，而是需要比品质、比智力、比毅力。但是成功者必受攻击，这个模式将一直存在。你得到了表扬，就意味着得承受攻击。那些攻击你的同学，也在进行必要的学习，他们得学会控制自己的失落、嫉妒、仇恨。攻击带来的暂时快感消失后，是漫长的无力感与自我贬低，杀敌八百，自损一千，这是得不偿失的精神自杀。而像你这样的被攻击者理解了这个模式，就不可能被杀八百，而是一个都损失不了，攻击者就变成了纯粹的自我消耗，甚至成为笑料，因为聪明人都看出他们失控了。

自律的一大功能是控制负面情绪，失落、嫉妒与仇恨有一丝滋生的意思时，你就有警觉，能掐灭。肯定他人、赞美他人、学习他人，这是更强大的力量，少数人天生有，多数人是后天习得的。那些攻击你的同学，经过或长或短的学习，也会逐渐有这力量。所以说，你继续进步，继续得到更多的表扬，是你最好的防卫，也是在帮助那些同学进步，当他们意识到自己那么原始的攻击既无效又可笑时，就会收敛，停止，反省。

这些同学原始的攻击，是让人不舒服的，但某种程度上，它像疫苗一样，也是一点必要的“病毒”。你的精神产生抗体后，不仅不会被人性中那些黑暗的力量打败，还能将它们转变成光明的养料。

别担心，你在小学有好朋友，在初中就一定会有好朋友。一个带给他人力量的人，一定会有越来越多的好朋友。得道者多助，这是规律。

祝开心。

连岳

小学生的大胜利

连岳前辈：

您好！

我是一个快升五年级的小学生，我之前看了很多你的文章，还专门买了一本《少年问答》，每天在家里看。这几天有一个问题在困扰我，就是关于零花钱的问题。

事情是这样的：我在家里闲得无聊，就想出去买点东西，因为我家离学校很近，所以到小卖部也很快。但我心里想着：到底是买还是不买？到底是不买还是买？买了浪费钱，不买，在家也无聊（我的奶奶爷爷顾着做饭和干家务活，也没时间搭理我）。最后想了一下，还是去买吧（毕竟我的零花钱也不少）！当走到小卖部时，我才发现我要买的东西涨价了，到底是买还是回去呢？我又犯选择困难症了。我觉得买了很浪费钱，不买，老板看着我，我觉得有点丢脸。我想来想去，想了半天才发现我已经浪费了半个多小时了。老板盯着我,问我到底是买还是不买。我此时还是很犹豫,但最后我选择了不买。

第二天又到了,我实在控制不住自己的身体,又出去买了。“到底是买还是不买? 到底是不买还是买?”这个问题一直在我的脑袋里回响,我感觉我已经没有了意识。突然又感觉这两个问题像小精灵一样,一个像天使,一个像恶魔,我实在也不知道怎么办了! 此刻的我又没搞好学习,又浪费了很多时间,我究竟该怎么办呢?

Remain

* * *

Remain:

老板盯着你, 你犹豫了半小时决定不买。在我看来, 这时间花得值, 不算浪费, 你至少有两个收获: 一是战胜了老板的心理攻势, 二是战胜了自己的欲望。觉得沮丧和浪费时间的, 应该是老板。小学生与老板的此类战斗, 全国一天可能有一百万次, 你是极少数能赢老板的, 简直就是斗战胜佛。

斗战胜佛是孙悟空西天取经成功后的封号。斗战胜, 是他不怕战斗、善取功绩。佛, 是觉悟者的意思, 即他通过降妖除魔的战斗获得觉悟, 从此再无烦恼。人的一生, 和孙悟空的一生一样,也要敢战斗，敢于降妖除魔，这妖魔也是心魔，赢了心魔，就得到觉悟。

心魔有两大武器。一是外界的压力，因为同学们都这么做了，因为这很流行，所以，不愿做的事，损害自己的事，甚至是坏事，我也从众做了。这外界的压力就是盯着你发动心理攻势的老板；二是意志的崩溃，嫉妒、易怒、虚荣，都属于缺乏意志力，瞬间表现为攻击他人与自大浮夸。扛不住压力的人无法像你一样权衡半个小时，他们想一秒钟就会爆炸。你能扛住压力不爆炸，说明你小小年纪就领先了，以后的人生更容易降服心魔。

心魔是长期存在的，并非赢了一次它就会彻底退走，下次盯着你时，它的眼神可能更凌厉。“控制不住自己的身体”的情况会经常发生——控制不住想去小卖部、控制不住想在课堂上说话、控制不住想不做作业、控制不住想玩游戏、控制不住想顶撞父母、控制不住想说同学的坏话。这时候想想你在小卖部战胜老板的斗争经验，控制不住就是损失，控制住了，钱就还在。控制住了，一切好东西都会增长，比如教养、学问、意志、能量。

人生拼的就是谁更能控制住自己。能控制住自己的人，并非永远不会失控，他们偶尔也会输给小卖部老板，但绝大多数情况下，他们是赢的。失控之后，比如上课分心了、对父母师长不尊重了、对同学朋友不友好了、功课拖拉了，他们能很快意识到自己需要调整，像从瞌睡中猛然醒来一样。在这天使与恶魔的拉锯战中，人越来越能控制住自己，小卖部老板越来越绝望，这就是成长。

祝开心。

连岳

我等你长大

连岳叔叔：

您好！

我是听我妈妈读了别的小朋友给您写的信，觉得您的回信写得很好，所以才很期待地给您寄信来。

我今年六岁了，是一名刚刚升上一年级的小学生。我有一个问题很想问您：为什么我一见到手机就想拿到它，看它，一直看，为什么我控制不了自己？我很想改掉这个坏毛病，请连岳叔叔教教我该怎么办。请您在一个月之内给我写信来，等我长大后一定会报答您的！

祝开心！

萌萌的杨翔羽小朋友

* * *

萌萌的杨翔羽小朋友：

好，我等你长大。一个人长大、独立的时间点，我们一般会默认为大学本科毕业，那时你二十一二岁，我还得等十五六年。不过，我愿意等，人生有价值的事，都是需要等的。

看见手机就控制不住自己，想一直看。这并不只是你这个六岁小学生的毛病，十六岁，二十六岁，三十六岁，乃至九十六岁，一百零六岁，都会有这个毛病。可以说，只要长脑袋的人，就有这个毛病。人的脑袋，有个设计缺陷，对轻松、快乐、容易成瘾的事物，天然没有抵抗力，即使这些事情长期来看是极其有害的，人的脑袋也倾向于投降，以马上获得快感。手机里面的大多数应用，都在利用人脑的这个缺陷，甚至用算法控制、放大这个缺陷，让你无穷尽地玩游戏、聊天、购物、吵架，浏览无聊的、恶俗的、迷信的、暴力的、下流的信息，它们占用你的时间越多，开发商获得的利润就越多。他们最不愿意看到的，就是你放下手机。

一个人只有意志力足够强，才能够屏蔽这些诱惑，只把手机当成工作与沟通的工具，在必要时用手机，用完就放下。小学生，未成年人，意志力还弱，他们中的绝大多数都赢不了手机，也就是说，任由他们玩手机，相当于把鸦片扔给他们自由吸，自然迅速上瘾，极难戒断。他们从此不想学习、运动，完全没有耐心，不愿意做任何辛苦一点的事，永远长不大，没有未来。要避免这不幸，要改掉想一直看手机的毛病，有最简单可行的斩草除根法，就是接受这条规则：小学生（未成年人）没资格也没能力玩手机。你碰都不碰，就不会受害。在某些情况下，不得不用手机，则自觉接受父母监督，用完马上交还。

现在当然没有这条法规，没人能够强制你执行，但是谁先这么自觉要求自己，谁就能在学习上领先。学习的第一步是什么？就是接受纪律的约束，在家听父母的，在学校听老师的。在这纪律的约束中，慢慢地，你在家能够按时作息、健康饮食（即使不合你口味）；你在校能够专心听讲（即使你很想讲小话）、完成作业（即使很烧脑）。不知不觉中，你的意志力就在增长。经过十多年纪律的约束，父母与老师退出后，你也能自己约束自己，想让自己安定就能安定，并能迅速进入状态，于是教育圆满完成。到时你必能控制手机，把时间与精力放在有价值的事上。纪律的约束，不是不给你自由，而是为了让你的人生得到最大的自由。

像你这样一年级的小学生，最该做的事就是把纪律当成最好的朋友与保护者。它很严格，但它能让你远离危险，得到力量。

祝开心。

连岳

如何与惰性做斗争

连叔：

您好。我是一名小学二年级的学生。我有些事情想跟您说。我有一把小提琴，我想学，可是我却不愿意练琴，心里老想着：我为什么要练琴？我为什么不能不练呢？连叔，我的问题是：我想要学，但是我不想坚持练琴。为什么呢？

一名小学生

* * *

一名小学生：

我想学，却不想练。这心态不仅在学琴中会出现，也会在一切学习中出现。这心态你有，你的父母也有，你的老师也有，我也有。只要想学习的人，就有。它不是可怕的事，反而偷偷泄露了如何学好的秘密。你是从一件小事中提出了大问题，善于提出问题是学习好的重要前提。

人不想学，这是由人的大脑决定的。掌管情绪的那部分大脑更原始，总是想做放纵自己，不消耗能量的事——贪吃，贪玩，贪睡，不想控制脾气，不想练琴，不想专心听讲，不想做任何作业，这些都是它最喜欢的。掌管理性的那部分大脑更迟进化出来，它总是在约束人，让人做更复杂更抽象的思考，让人有纪律，让人多练习，让人控制自己，让人做更有意义却更累的事。所以，让理性控制情绪，后天控制先天，“好大脑”控制“坏大脑”，就是学习的主要内容，学任何东西都是相通的，都是在打造更有价值的大脑，增加“好大脑”的力量。

小朋友凭借自己的力量，几乎无法控制“坏大脑”。为什么？很简单，他们的“好大脑”彻底发育成熟，要等到二十五岁。“好大脑”又小又弱，“坏大脑”却已强大，这是孩子成长中最致命的问题。若任由“坏大脑”力量越来越大，就是到了二十五岁，“好大脑”长成了，也是没有力气的，只是“坏大脑”的奴隶。那样，人就极可能变成一个“坏人”，你羡慕、渴望的一切好东西都得不到，就像你渴了想喝水，但“坏大脑”却永远让你的嘴只能停留在水边。

要解决这个问题，健康成长，小朋友只有借助“外脑”——父母老师的“好大脑”，这就是他们约束小朋友的意义所在，他们的“好大脑”在控制小朋友的“坏大脑”。当然不是乱约束，是科学的约束，我相信，大多数负责任的父母、老师是做得好的。教育是人类社会的核心功能，中国又是传统的教育大国，两千五百年前的孔夫子一出现，就把教育提升到极高的水准，一代代中国孩子受此恩泽。在家里、在学校中，只要遵守经过数千年考验的一些基本原则，我们的“好大脑”就一定会越来越强大。“学而时习之”，老师、家长让你练习时，你就练习，这是一条永远正确的原则。你不愿意的时候，却能行动起来，那就是最长能耐的关键点，练着练着，“不亦说乎”，就会开心起来。

所以学习领先也有一条简单的原则，就是尽快去做别的小朋友都不愿意去做的事，一做起来，不愿意往往就忘掉了。

祝开心。

连岳

这就是你们成年人的世界吗?

亲爱的连叔:

我是一名初一新生,刚读完你的《少年问答》,我仿佛也在那些与我年龄相仿的来信者中,看到了自己的影子。

我是一个幸福的孩子,从小就生活在一个充满爱的家庭里。与别人不同,我是一个由奶奶养大的孩子,爸爸妈妈因为工作忙,我每天都很少见到他们。奶奶已经七十多岁了,也就是说她陪我的日子也不会太久了。而我是她心目中最重要的人,她平日最心疼的人就是我。还记得小时候我发烧了,她就抱着我,坐在床上一晚上没睡,就怕我睡不着觉。还记得有一次,我早上五点就起床了,本想嘲讽奶奶比我起得晚,可怎么也找不到她,凑到窗前一看才知道她去买菜了。望着窗外她那孤单的背影,我一时有些心酸。就算再炎热的夏天,她也会去菜市场买菜,可叛逆的我总是不吃完饭,惹得她生气。现在我长大了,作业量也逐渐增加,学习的压力也逐渐增大，奶奶总是催促我，一开始我态度还挺好的，但日子久了便不耐烦起来，甚至说出一些脏话（我知道自己说出那话时没过脑）。可是连叔啊，中华人民最可贵的精神就是孝道。我也不是没有心的人，我的心也是肉长的，我也想尽孝，可是怎么尽孝呢？奶奶口中总是说让我乖一点，乖一点到底应该怎么做呢？

亲爱的连叔，我还想问一个问题：为什么成年人总是不理解我们呢？小时候我的同学们都可以随意看那些有趣的漫画，而我却只能在家里无聊地识字。到了小学，同学们又是能玩手机，又是能看电视，我羡慕他们的自由，因为我没有。长大了，我更是觉得无奈，每次成绩总是要跟更好的比，吃穿总是要跟差的比。为什么大人总是认为我是一个坏孩子？为什么总是认为我的成绩比我重要呢？为什么大人打小孩就是对的，小孩骂大人就是错的呢？连叔我非常不解。

亲爱的连叔，我还有一个小弟弟，他四岁了，我非常爱他，但是我总是感觉妈妈渐渐地不爱我了，我也问过妈妈这样的问题，可她否认了。我知道妈妈是爱我的，可她现在要将爱平分一半给弟弟。虽然我表面上是认同的，但心里始终是不愿意的。妈妈总是觉得别人比我好，给我报了很多很多补习班。她还说电子产品是毒品不让我们碰，难道她自己就没有碰吗？这就是你们成年人的世界吗？

祝连叔工作顺利。

乔可

* * *

乔可：

你是一个幸福的孩子，从两点可以看出来。

一是从你奶奶身上。你们是那么的相爱。你要放心，现在人活到一百岁也很平常，你还有很长时间陪她。只是脏话再也不能对她说了，她听了伤心，会影响她的健康。不过脑不是原谅自己的理由。其实，没有一个孩子说粗话、做错事是过脑的。说完做完就后悔，然后可能又犯错，再后悔。你要减少做错事的频率，最后做到很少做错，一做错马上就道歉，凡事“不二过”，事事过脑，教育与成长就算初步达到目标。

你现在做事不过脑子，也不能太怪你，因为少年阶段，大脑还没发育完成。此时的行为更多受本能的驱使，往往体现为攻击、叛逆，甚至对你深爱的奶奶说粗话。随着大脑的发育——就像你的肌肉变大，力气也变大一样——你的理性也会增加，你就能控制住大脑里那只原始的小野兽。但这控制能力不是大脑发育完成自然就有的，你还要训练它，每克制住一次对奶奶的不耐烦，控制力就增加一分。就像肌肉没有练，就没有力气一样，大脑也要经过训练，能量才能发挥出来，不然就白长了。

没有教育，大脑自然增长的那一点点控制力是不够用的，人难免由一只小野兽变成一只大野兽。所以，我看到你幸福的第二点，是你有你的妈妈和爸爸。你听了可能会大吃一惊，毕竟你对妈妈的意见不小。你妈妈给你的爱，需要过很长时间你才能理解，可能十年后，可能要到你当父母之时。不过，我有信心你看完这封回信，或许就能理解。

妈妈也知道不让你玩手机你会恨她，讨得你的欢心很容易，给你一部手机随便玩就是了，这么简单的事她为什么不做？因为对大脑还没发育完成的孩子来说，手机成瘾像毒品一样致命，孩子还没有那个能量去控制它。上瘾之后，大脑的控制力就长不出了，没有控制力，人就废了。你妈妈能碰手机是她有控制力，手机的毒性不能发作，不会上瘾耽误正事。很多事大人能做，孩子不能做，比如喝酒、开车、玩手机、结婚，那不是欺负孩子，而是保护孩子、爱孩子，因为他们的生理心理都还没做好准备。为了你的美好将来忍受你暂时的恨，这是父母才有的爱。

像你所说，中国人把孝看得很重，当成为人之本。孝某种程度上就是你奶奶说的乖。因为基因的作用，父母本能地爱孩子，只有他们才能为孩子长期地劳作、忍耐，甘愿被误解、被恨，他们的指引与管教，总是从孩子的利益出发（不是全部如此，但绝大多数如此）。孩子乖，听从父母的教导，就会少走弯路，不犯前人犯的错误，因此而节省的生命与能量，将更快、更多地用于对人生下一个关卡的探索与突破。顺应基因力量，减少交替冲突，两代人能形成最大的合力。中华文明的延续性与同化力强大，排人类文明史的第一，与这种代际间的高效合作有关。

乖具体地说，就是温和、善良、恭敬、克制、谦让，这是高度的理性，也是温暖的感性，是智商与情商的完美统一。从小训练，逐渐得到，你会是一个幸福的人、一个高尚的人、一个完美的人，这是中国人从古到今的人生追求。你的奶奶、你的爸妈给你的人生开了一个好头，恭喜你。

祝开心。

连岳

分出人生优劣的关键之力

连叔：

您好！这是我第二次给您写邮件了，这次我感觉我快要无家可归了，我们家欠房费很久了，房东已经带人上门看房了，我真的很害怕。我现在读初二，明天就要会考了。

一切都要从我那个不负责任而且从来不跟我和妈妈说实话的父亲说起。我从小一年都见不到他几面，他总是说他在赚钱，很忙。家里之前有车，被他拿去“做生意”了，可以说是血本无归，还欠了好几万。我们家现在住在一个很小的房子里面，每年大概要交一万多的房费吧。妈妈每个月工资三千，很辛苦。我爸，我都不想说他了，前两年他说他在一个单位找到了一份工作，每月多少钱没说，他说单位给他分房子了，每个月交房贷八千二后，剩下的也不多，但是他从来没主动给过我妈钱。有时候学校突然收个一两千块，妈妈实在没有了才找他要，他也磨磨叽叽好久才给，他老是骗我跟我妈。连叔，说实话，我不觉得他真的把钱交房贷了，也不相信我们家真的有房子了。本来说给我报补课班（五月份），结果因为要交房费就不报了，说开学再报。现在已经六月了，房费没有任何着落，妈妈给他打电话他也不接，就留下几句“明天交”“后天交”这样无厘头的话。房东天天给我妈打电话，连我妈都不知道跟人家说什么好了。

我想让妈妈跟他离婚（现在估计还不行），我现在一学期学费一万块，乱七八糟加起来一年要花三万多吧，以妈妈现在的工资根本供不起。法律规定就算离婚了，他也要给我抚养费什么的。我觉得他也不会给我。他之前以我妈的名义借了快一万，不知道拿去干什么了。妈妈问他关于房子的事，他也一问三不知，或者话语间自相矛盾。他成天跟我说咱们家过几年就好了，之前我深信不疑，现在我就听听吧，可能妈妈只能靠我了。我在同学面前为他营造了一个良好的人设，其实他到底怎么样只有我知道。

还有一年我就要考高中了，我一定要考个很好的公办校，因为这样就可以不用交学费了。但是房费还是太贵了。我妈跟我说过让我回老家上学的事情，虽然那样真的可以少花很多钱，可是我不甘心，这边的教育资源这么好，我也很努力在往前走。老家是六线城市，我看那边的孩子根本不学习，老师也不好好教。

虽然我现在很想把所有的心思全放在学习上，可每次想到这些，我就会走神，很难平复心情。我觉得我爸很失败。

我妈看您文章已经有好几年了，每天都看。《少年问答》她已经给我买了，我觉得我跟那些孩子不太一样，他们应该没有我这样的烦恼吧。现在在学校我每天都非常努力地学习，有时候看见那些上课睡觉的，成天抄作业的，我都会想他们不学习还来学校干什么，可是转念一想，他们家有钱啊，他们可以不用学习啊，学不学习对他们来说不重要，他们不上学都有几套房子，我什么都没有，我真的很难过。

谢谢连叔。

娃娃

* * *

娃娃：

你怎么会什么都没有呢？你有妈妈。除此之外，你还完成了学习中最难的跨越：产生强大的内驱力。没有内驱力的孩子，就像一部没有发动机的车，外表再漂亮，轮子再好，也跑不动，父母、老师推一推，他们动一动，外力一消失，就停下了。有了内驱力的人，就有最大的资源，他们的进化速度将极快。

学习的开始是痛苦的，有纪律，有作业，要上课，要少玩，没有任何一个孩子喜欢，他们起初都是没有内驱力的，一没有监督，就开始吃，偷懒，打游戏，玩手机。这种状况要持续到内驱力神奇地在一个孩子心里产生。何时产生？不知道，有人在小学，有人在初中，有人在高中，有人要到成年以后，有人一生都没有。一个人产生内驱力需要先天条件，再加上后天际遇，无数成分碰在一起产生化学反应，就像宇宙形成时的大爆炸一样，瞬间，创世之力产生了。你现在这么强的内驱力，来得正是时候。内驱力来得越迟越辛苦，到成年才有，需要补的课就多了，有些再也补不回来了，比如错过的少年时期。贫穷和不负责任的爸爸，没人想要，不幸降临到你身上，却变成了内驱力形成的重要因素，所以，人的成长是极具个性的，并非标准化的。这创伤让你现在痛苦，多年后回顾，却会发现给你带来了成长。

你现在要做的是专心读书，做两手准备。妈妈能渡过难关，那就在当地考上好的公办高中。妈妈决定带你回六线城市，你也不要抗拒，更不能瞧不起六线城市的老师和同学。到处都有很多像你一样长出内驱力的人，用尊敬的、温和的、爱的眼光，你就能发现他们，他们也能给你带来力量和启发。三人行，必有我师，指的就是这么一回事。无论这三人是穷是富，是在一线、二线还是五线、六线。

最后分出人生优劣的，不是一个人出身的贫富，不是城市的大小，而是有没有学习的内驱力。有，则一切都可转化成能量，你会不怕穷，也不怕环境差，痛苦也能消化；没有，则一切能量都会消失，富也没用，有再好的爸爸与老师也没用。你已经有了学习内驱力，虽然只是少年，但人生已没什么可怕的了，到你大学毕业，不到十年时间，一眨眼的事。到那时，你拥有的格局与知识，不仅能改变你和妈妈的生活，甚至可以开始改变世界。

祝开心。

连岳

高考只是小竞争，人生大竞争要答对的三道题

连叔：

你好，在给你写这封信的时候我刚刚考完高考回到家。说来好笑，考试之前我幻想了很多考完试应当做的事情，练字，看书，不为了考试去学习。但也许是感觉自己这次没有发挥得很好的原因吧，考完试我什么都不想做，睡觉也不想。我平常成绩很好，一直都是班级第一。这也许是我自己的一点骄傲吧，接受不了别人超过我，学习或者是其他什么方面。当我发现哪里有点不如别人的时候，我就会自己努把力。我不知道这样是不是不对，因为我从内心渴望成为一个平静从容的人，每天晚上睡觉前我都会想第二天要怎样让自己平静从容一些，但是当我真正置于处理问题的境地时，我还是和以前一样，想到和做到真的差了好远。但我不会放弃我内心的追求，成为自己心向往之的人。

这几天高考，我真切感受到了家庭给一个人的帮助。我的父

母对我很好，虽然我一直将自己最丑陋的一面毫无保留地暴露给他们，但他们一直很包容我。昨天晚上我也给你写了一封很丧气的信，但是一觉醒来发现人生还是很美好的，就没发出去。昨天晚上可能是自己的原因吧，当我和我父母说了我可能没考好的时候，我一直感觉妈妈在责怪我。我真的很狭隘，一直用自己的想法去揣测别人。

之前老师和我们说一定要做一个理性的人，但是我却希望自己可以感性一些。我是一个很利己的人，但是我接受的教育让我没办法做出伤害别人的行为，所以我做的任何一个决定都非常谨慎理性。我真的很希望自己能够像那些伟人一样心里的志向更加远大一些，也许我自己有一点点自恋，我一直觉得自己不能和别人一样。高中三年带给我的不只是不错的成绩，更多的是一种学习的能力，我一直在告诉自己有了这种能力到哪里都不会过得太差。我也一直在告诉自己我不是在为了考试而学习，我是在为了知识本身而学习。但是当我发现我生物选择题错了一道4分题的时候，我的心态真的崩溃了，也许因为这4分我将会与我心中理想的大学失之交臂。也许是考试的时候太怕自己考砸了，我变得很迷信，考试之前学生们不都喜欢摸一摸那些成绩很好的人吸吸运气吗，之前还好，觉得也挺可爱的，但是高考那几天我真的讨厌别人摸我，好像他们真的会吸走我的运气一样。现在想想那种想法真的是连我自己都想笑。可能以这种心态考试考不好也是正常的吧。不过我还是得承认是自己能力的问题，如果能力够强，怎么考都能考得好。我已经决定不管成绩怎么样我都不会复读了，我相信以我的实力怎么都可以上个重本，大不了大学的时候多增长一些实力考我心中理想大学的研究生。

不知道我的心态会不会被时间抹平，如果成绩出来那天我有什么别的想法还会写信给你的！

祝平安！

一个学生

* * *

一个学生：

你一直是班里考试第一名的学霸，那不必担心，前途是远大的。只要你立了志，在一个领域持续发力精进，你的学习能力就能保证你成为专家，成为顶尖人物。我建议每一个像你一样的学霸，在这方面都要始终自信，这并非是自大，而是一种责任感，既然自己有这么强的学习能力，那就必须让它发扬光大。

当然，把远大前途越走越窄，走到无路可走的学霸也大有人在。高考结束，人生真正的竞争才开始。有几关必须过，过不了，之前的优秀就会被一笔勾销。

一是能承受失败的打击。人是在失败中成长的,没有永远的第一,没有永远的胜利。一直在胜利中长到高中毕业的学霸,比较难理解、难接受这一点。他们容易走向两个极端,要么一点小失误、小挫折就彻底崩溃,一蹶不振;要么心理变态,极度自大自恋,嫉妒、诋毁一切比自己强的人。虽然你这次生物丢了4分很痛苦,却也是失败教育的开始,越快调整好,走出来,这一关越容易过。

二是对家人好。这点听起来简单,做起来不容易。琐琐碎碎的家事,平平淡淡的日常,似乎谁都能做好,我能力这么强,是干大事的人,做这些小事太浪费。一掉进这个陷阱,你就会忽视家人的奉献,冷淡家人的爱,成为感知能力特别弱的人,很难令人尊重。家庭是一个人的核心道场,小事里藏着大道理。现在敬重爱你的父母,将来温暖爱你的配偶,引领爱你的孩子。这敬重,这温暖,这引领,以及要做好这些所需的真诚、耐心,是你成就一切大事的素质与方法。

三是利他。这不是说不要利己。利己写在基因里,人永远有。人只利己,那不过是服从基因的本能,不算什么本事。人要有智慧看到利己与利他是一体两面,利他做得好才是大利己。就像同学摸你求好运，摸完他们开心，也是对你的肯定，虽然这是个幼稚的游戏，但也说明利他就是利己。利他是无损自己的，利他是成就自己的。利几个家人，成就一个家长。利成百上千员工，成就一个好企业家。利一国国民，成就一个好领袖。利全人类，成就一个圣人。想不通利己与利他的关系，人就会以自我为中心，吝啬，封闭，最后变得无足轻重，甚至神憎鬼厌，天资再高也难成就自己。

以上三条，是人人做得到的。换言之，在人生之路上，学霸的优势并没有想象的那么大，即使是所谓的学渣，甚至文盲，想通这三点，并执行之，他也会飞快地进化迭代，取得不可思议的成就。在人生的竞争中，现在是该好好加油的时候了。

祝开心。

连岳

2

为什么学生只有好好学习这唯一的选项

知识将我们引领至更广阔的世界。

作业与游戏，和一位二年级小朋友谈时间管理

亲爱的连岳叔叔：

您好！

我是一个二年级的小朋友。在学校时，没人想玩我的游戏，我有点伤心。回家后我管不住自己，总是想玩平板、看电视……作业都不想写了，每次写作业都写到十点钟。每次写作业时我都想赶紧写完去看电视、玩平板。所以，每次我写作业，妈妈都会发火。

妈妈为什么会发火？因为她每次下班回来都八点钟九点钟了，我的作业还没有写完。我理解妈妈，她下班回来很累，然后呢，我作业又没有写完，所以妈妈才会对我发脾气。我也觉得我自己很过分。我爸爸呢，他每次回来有时间也不管我的作业，只管我睡觉吃饭。爸爸对我很好，他没有时间管我，是因为他每天要上班打卡，有时候下班也回不来。他是警察，很忙，现在不是有

疫情嘛，就因为他是警察所以他一直很忙，没有时间管我，说着说着我都有点想他了。

我写日记只是想让付老师在全班同学面前读读我的日记，我只被表扬过一次。我不想要奖状。

我现在心里已经没有数了，总是想着玩平板、看电视、玩游戏机，我觉得再这样下去我的学习可能会退步。亲爱的连岳叔叔，我该怎么做才能管好我自己，不总想着玩平板、看电视、玩游戏机、看爱奇艺呢？我该怎么做？

阿瑟儿丰富的山山

* * *

阿瑟儿丰富的山山：

连岳叔叔要先和你道个歉，本来应该早点给你回信的。但因为每天要花很多时间看邮件，有时周末就会偷懒，想：休息一下吧，下周再看邮件。邮件就在邮箱里迅速堆积起来。一直到昨天，下定决心把所有未读邮件读完，才翻到你这封邮件。让你久等了。

你看，连岳叔叔和你一样，也会为拖延所困扰。事实上，世上的所有人多多少少都会拖延。为什么会这样？因为那些在计划中该做的事，比如你写作业，我写文章，它们无一例外，需要大脑集中注意力，这会消耗大量的能量，大脑不愿意这样做。刚开始集中注意力时你会很抗拒、很辛苦（所以你做作业时就会老想着游戏），觉得时间过得很慢。你以为努力了很久，一看，才十分钟。进行玩游戏、看电视等娱乐活动时则刚好相反，大脑无须消耗能量集中注意力就可以获得愉悦，所以大脑就一直想获得这种低成本的愉悦，一开始就难停止。这也是为何“我就玩五分钟”会玩到半个小时，因为时间过得很快，你以为只玩了五分钟，其实半个小时一小时已经过去了。

所以，无论是谁，小孩还是大人，只要起了“先玩一会”的心思，结果就一定会玩很久。再来做事时，时间就显得不够，该做的事自然做不好、做不完，从而导致自己焦虑、内疚，还会引来他人的不满和批评。就像你妈妈，晚上八九点钟疲惫地回到家里，看你该写的作业还没写，她的感受应该很复杂：一是委屈，自己工作这么辛苦，孩子还在增添辛苦，下了班还无法放松；二是内疚，没办法花更多的时间陪伴孩子；三是害怕，万一孩子这种状态持续且放大，怎么办？这时候，她的想象力很惊人，想到了你以后会变成一事无成、游手好闲、为非作歹的二流子。这些情绪同时起作用，互相刺激，就变成了情绪炸弹，威力惊人。一件事情搞得大家都不开心，还影响了妈妈当晚的睡眠、第二天的工作。

应对方法很简单，把该做的事情先做完、做好，之后再玩。绝对不做“先玩一会儿”的事，做事时也别想着玩。连岳叔叔每天就是这么安排工作的，我早上五点至八点间，会把一天最重要的工作——写文章先做完，其他时间就不怕任何走神与干扰了。你一回家就马上专心把作业高质量地写完。把该做的事情一口气做掉后，你会发现心情相当愉快。这种更高级的愉快，又会减少低级愉快的诱惑力，让你保持住好习惯。同时，这种愉快还会传染，妈妈下班回来，看到你这个做完作业、开开心心的小孩子，她的心情也会马上好起来，工作一天的疲惫似乎也消失了。此时，大人孩子都做完了一天的工作，一起聊聊天、看看电视，或者你玩玩游戏，其乐融融，这就是幸福家庭的样子。做作业、看电视、玩游戏，你做的事情还是一样多，结果为何大不同？安排的顺序不同，性质就不同。先工作再娱乐，那工作娱乐两不误。先娱乐再工作，那工作娱乐两耽误。学习好与学习糟，工作好与工作糟，人与人的差距，就在这个小小的安排顺序上拉开了。

顺便说一声，你的文章写得好。好文章就得这么写，写自己经历的事情，写自己真实的感受，这么写下去，无论有没有被选为范文，将来文章都能写得好。比如你写爸爸那一句“说着说着我都有点想他了”，这是神来之笔，爸爸工作的辛苦，孩子的思念，爸爸和孩子间真挚的感情，几个字全写出来了。所以也拜托你替连岳叔叔做一件事，替我拥抱一下你的爸爸妈妈，是那种深深的、长达十秒钟的拥抱。

祝开心。

连岳

平衡感是大学问，人一生都在学习，学好了才能应对挑战

连岳叔叔：

您好！

总是听妈妈提起您，我自己也特别喜欢看您的文章。早在寒假时就想写信给您，但最后还是放弃了。今天又提起笔来，可能是实在憋不住了，就当是我自己倾诉一下吧。

我是一名初三的中学生，不久后我即将迎来人生中的第一次大考。可能这只是我人生中的一件小事，但我总觉得自己最近心理、思想上的问题好像越来越多，已经浮出水面了。之前我为释放自己的压力写了一篇文章，结果有人说我心理出现了问题，我很迷茫。小升初那年，我在妈妈的影响下，天天写日记，现在翻开那一年的日记本，我发现里面每天记录的都是“我好累啊”“压力好大啊”之类的话，感觉字里行间充满着怨气甚至是痛苦，回忆起来不是美好、快乐，而是像走进了噩梦。其实我觉得我压力真不

大，对比起有些人，我这又算得上是什么。之前看到过一句话："当你下定决心要努力时，是未来的你在和现在的你求救。"觉得很有道理，但自己又总没努力的动力。

最近自己好像是快撑不住了，自从开学以来，每周一我都拼命给自己打气，但每到周五，甚至才周四我就会大哭一场，几乎周周都是这样，我感觉自己有些不对劲。就在前几天，我在晚自习回家后跟妈妈抱怨了十五件不愉快的事，其实我自己知道都是小事，但就是不开心。刚刚我又哭了，可能是因为朋友的疏离，解理科题时毫无头绪，但我觉得最多还是自己的原因。

前几天，老师把我的两位好朋友叫了出去，后来才知道老师是在动员她们，说她们还不够努力，让她们多向我学习。我其实很惭愧，因为我觉得她们比我努力得多，她们每天都可以及时完成当天的学习任务，而我经常弄到深夜还完不成。但既然老师这么说，我就想努力做到老师说的那样。可我发现我用真心对待的好友竟开始疏远我，甚至有些客套、斜视我，我很不舒服。课间、中午我们一起回到教室后，她俩说是去上厕所，但我却清清楚楚地看到她俩在外面交谈。当初说好一起奋斗，但现在她俩总丢下理科不好的我去做数学题。那一刻我感觉自己是孤零零的一个人。其实独处也挺好。

最近我们地区有所学校的初一学生轻生了，我觉得不可思议和恐惧。我的成绩在我们学校还不错，但在整个市来说就排不到前列了。中考氛围很紧张，我总是会给自己很多压力，总觉得自己这里不好那里也不好，成天叹气，作业感觉总是完成不了，苦行僧一般。但我受到的教育很好，妈妈爱读书爱写文章，总是鼓励我，我有疑惑会给我解答，家中有许多名著、传记。我的语文老师也是个知识渊博的人，他告诉我们要从容淡定地去学习，如果不是为了自己学，那考上大学唯一的结果就是不读书了。他也总是在思想上指引我们，让我觉得我的思维活跃了不少。

我其实很讨厌这个矛盾的自己——我可以十分绝望，同时又可以疗愈自己，但总是根除不了自己的毛病。我的理科是越来越拖后腿了，两个朋友都慢慢超过我了，之前我擅长的英语也开始有问题了，我对自己越来越没信心了。家人希望我能考个好大学，可我最初的梦想是成为歌手，但现在这个梦想似乎可有可无，陨灭了，因为没有什么人认为我能实现它，甚至我自己也认为考大学是我唯一的出路了。

虽然我现在学习还不错，可我好像从心底里不喜欢学习。我不知道这样说对不对，也不知道这样说会有什么后果，因为几乎所有人都认为我是爱学习的乖女孩。——我十分在意自己的面子，但这次我终于鼓起勇气说了出来——其实我也不好，我也追星，我也喜欢看好看的男生。

我这样似乎很愚蠢，我也为自己是否能挺过后面几年而担忧，我感觉自己好矛盾，像快精神分裂了一样。

一个愚蠢又喜欢落泪的小麻雀

* * *

一个愚蠢又喜欢落泪的小麻雀：

面临大考、大挑战，有压力、害怕是正常反应。没有实力，毫无希望，必然失败的人才不怕，他们只有破罐破摔的绝望，所以看起来特别平静。

害怕的一个重要体现就是夸大自己的弱与夸大他人的强。处于害怕中的人总是低估自己的实力。其实越临近大考，实力的基本盘越难改变，学习中竞争公平的地方在于，它靠的是多年的积累，短期突击只能起到保持状态的作用，像是赛前的热身，并不是决定因素。

所以，大考比拼的往往是心理调适能力，你要有点怕，才能唤醒自己的能量，但又不能怕得过头，不然就会僵化变形，反而冰封了能量。这种恰到好处的平衡感，能帮我们度过一个又一个大挑战。它是一个需要终身学习的课题，并非一学就会，一会就精。但它又没有门槛，小孩也可以学，你现在就在学，只是你还没看到自己学习的成效，比如你周五哭一场把压力去掉，这有什么值得检讨的呢？这是好事，我建议你每周五哭一场，这样你一周之内面对压力都会淡定，反正周五哭一场就好了。好的学习者都找得到释放压力、获得平衡的方法。有人读书，有人跑步，有人念经，有人打坐，有人大吃一顿，有人禁食一天……各人有各人的方法，适合自己的就是好的，你现在的方法是周五哭一场，那就哭吧。

人的能量是有限的，平衡感会让我们最高效地使用能量，不在自我撕裂中空耗。你害怕好朋友冷落你、超越你，你担心自己实现不了当歌手的梦想，你认为自己喜欢好看的男生是不乖，这些都是自我撕裂，因为你觉得这与你备考、学习相冲突。而找到平衡点后，你会发现它们一点儿也不冲突，和谐得很。首先，没有哪个女孩不喜欢好看的男生，无论她乖不乖，这是人性，没有错。正如连岳叔叔从像你这么小到现在，一直喜欢好看的女生，有了人生阅历，更知道人品、智慧才有长久的魅力，但人品好、有智慧的女生再加上好看，那不是更完美吗？其他问题，也都和你的学习不冲突，两个好朋友真的超越了你，你就不厉害了？不，是你们三个人都很厉害。你上大学就当不了歌手了？恰恰相反，你们这一代人都将受到很好的教育，听众都是大学生、博士生了，歌手不是大学生，你能打动他们、感染他们吗？

好好学习，人生就会好好展开。你现在的学习主要体现为考试，小考、中考、大考。以后没有考试了，人也需要天天学习。知识不够，生活就会越来越难，拥有知识，才能让我们实现梦想。

祝开心。

连岳

和一个高中生
谈主线竞争与掌控手机

连叔：

您好。

我是一名高中生，刚进入高中一年，大大小小的一些毛病从初中一直跟到了高中。初二的时候，可能因为学习压力不太大，我学习成绩又比较好，所以初二到初三的假期，就什么都没学，人也颓废了。到了初三，大部分东西都忘干净了，人却十分高傲。后来情况就更加恶化了，这种虚荣心体现在了行为上，然而学习成绩一点儿也没有进步，我陷入了极度的迷茫之中。后来我开始寻找，寻找有没有一条所谓的人生准则，可以让我这一团糟的日子步入正轨，但是事实是这使我更加迷茫了。

上高中快一年了，这种情况在慢慢地好转。可能因为环境好，周围确实有很厉害的人，比我厉害，还不虚荣，我也学会了一点儿控制，学会了一点儿努力，但不是完全的努力。也偶有考好的时候，心里还是会一下子生出狂妄、虚荣的念头，还是会纠缠其中，就好像这个问题在我身上根深蒂固，始终没有得到真正的改正。

还有就是努力学习这一方面，我在学校的时候会认真学习，到家了却不行，没有坚持学习的信念，回家吃过晚饭后就会开始看手机，到8点半才开始学习。其实学习进入状态的时候，我会想着下回要多花一点时间，吸收更多的知识，但是拿起手机时就把这种想法抛之脑后了。我觉得我的行动力实在是太差了，有时候心一热，把手机放一边去写作业了，但是这发生在我已经看过一段时间的手机之后了。

最后一点是最近遇到的困难，我一直非常喜欢打篮球，打得也算不错，但是最近变得十分害怕，说白了就是懦弱，和谁打都怕输，不敢打，打的时候也打不好了。虽然我觉得这样的懦弱很不好，但是当我独处，任思绪翻飞时，脑子里蹦出来的竟是狂妄自大的想法。就好像得到了某种能力，但是又害怕失去，变得懦弱，实则失去得更快了。总觉得是我对很多事情的误解，根深蒂固的错误观念，导致了这一系列麻烦。还望您指点迷津，见笑了。

迷茫的高中生

* * *

迷茫的高中生：

你打篮球输，是好事。老是赢，甚至成为学校的篮球明星，那才是坏事。人总是在竞争关注度，高中生尤其如此，这是人的本性使然，不可避免，也不必避免。竞争有主线竞争，有支线竞争。

学生的主线竞争是学习，其余的一切都是支线竞争，包括篮球。有意思的是，支线竞争中的优胜者——会打球的，会画点画的，会唱点歌的，漂亮的女生，帅气的男生，甚至叛逆得能巧妙地把老师惹生气的，他们获得的关注，可能不输给主线竞争的优胜者。当女生倾慕地看着校园篮球明星时，“书呆子”显得黯然失色。这种诱惑力有毒，让一些支线竞争的优胜者以为自己学习不好，并没有什么关系。如果你是篮球场上的赢家，你也会掉入这个陷阱。幸好你不是，这样会逼迫你回到主线竞争。在主线竞争中发力，不认输，你才可能成为未来的科学家、数学家、工程师、医生，你才可能成为下一个袁隆平或吴孟超。支线竞争是泡影，美妙却易逝，主线竞争才是钢铁，有力而持久。

在主线竞争中，新一代人的大挑战就是你面临的手机诱惑，换言之，谁能掌控手机，谁就能在竞争中领先。掌控手机要有他律，小学生、初中生没有他律，学校与家长不管，大概率是要被手机掌控的。高中生的挑战一样严峻，但可能好一些，因为高中生的自控力开始迅速生长，自律成为必要的素质。

我教你一个掌控手机的小窍门。什么叫手机？就是它老在手边，就像手的一部分，你随时可以打开。下意识地打开“只看一分钟”，清醒过来时已过一小时。这个小窍门就是让手机变成非手机，离你的手远一点。你在家里，把手机固定放在某个高处，远离你的书桌，附近也没有舒服的椅子。这样，大脑诱惑你去看手机时，你需要从书桌旁站起来，走过去，这几分钟时间足够让你冷静下来。实在有事非看手机，站着看，累，处理完事情自然就放下手机了。只要你不想被手机控制，类似的窍门你可以琢磨出不少。每赢一次手机，不知不觉，你几个小时也不想碰手机。手机拿起来，也能轻易放下，你就是主线竞争的优胜者了。这种看不见竞争者的、无声的、独自磨炼心性的方式，是我们一生的主要精进方式。

祝开心。

连岳

为什么我总是不会写作文？

连岳老师：

我是一名二年级的小学生，在给您写这封信之前，我已经阅读了《少年问答》的一篇文章，叫《不要对自己说：我好辛苦》。读完之后，我还是不会写作文。我写作文时老是把一些废话写出来，老是写得不通顺，而且老把“的”“地”“得”放错地方。

所以想请您帮忙。

晴空万里

* * *

晴空万里：

你会写作文，你的这封信就是一篇作文。文章的长短并不重要，《论语》记载孔夫子的思想，其中大多数文章长度都不如你这封信，有的只是一句话，但这本书却是中华文明中最重要的书籍之一。你一定背过李白的《静夜思》，总长度只有二十个字，其中

“月”与“头”还重复使用，用字只有十八个，可是，这诗像月亮一样美，价值和月亮一样长久，像乡愁一样永恒。所以，只要你能写下一句话，你就能写文章，写文章不是难事，人人都会，始终要记住这点。

在考试中，作文的字数有最低限制，不得少于若干字。李白写二十个字交卷，也是不及格的。考试必须通过一定的行文长度考核学生的综合写作能力——看看他们词汇量的掌握情况，说明的准确性，叙事的条理性，论理的逻辑性。这会让小朋友，包括家长，都以为文章越长越好。其实不然，只要你把想说的话说清楚了，文章越短越好。考试中的作文只是文章中的一类，绝大多数文章，是像你今天写的短文章。平时这种短文章写得多了，考试的长文章也就不可怕了。学生怕写作文，一大原因就是只在考试时、老师布置作业时才写作文，只接触过考试作文，放弃了生活中写作文的机会，那自然不会写，这也导致了许多成年人不会写文章。

文章要写好，多看多想多写而已，其中多写是关键，多写可触发自己多看多想。你只要每天写一篇短短的文章，几十字，百来字，以后的文章不可能写不好。就算你考试作文分数不高（有时这种倒霉事会发生），你也一定是会写文章的人，你能不走形地表达内心的爱与观念，你的生命质量更高。

也许你会头疼：我一个小学生，有什么可写的？很多成年人也同样头疼：我一个普通人，有什么可写的？任何一个人都是独一无二的，只要他写自己的生活和真实感受，就有独一无二的、无穷无尽的东西可写。小学生可写的东西更多，因为许多事情对他来说，都是人生第一次。比如你说“的”“地”“得”分不清楚，那最近可以围绕这点写文章，每天订正一个错误的句子，花几个月时间搞清楚，作文就能领先一大步，“的”“地”“得”不仅是小学生的难题，还难倒了许多大学生。

拿一个本子，专门写文章。每天就写短短的几句话：记录一件开心的事情，一句老师同学说的有趣的话，你的一个奇思妙想，当天应做而没有做好的事……你可以找到许多主题写。

还有，养成与爸爸妈妈书面交流的习惯。妈妈今天特别漂亮，她做的某道菜特别美味，爸爸周末的陪伴令你感动，他的某句话让你有所领悟，都可以给他们写几句话，留张字条，表达自己的欣赏与爱。一家人也可商量好每周写这么一封信，说说自己的所得所想，不仅你的作文水平可以提升，爸爸妈妈的也可以。更重要的是，它累积起来，就是一部家庭史，也终将昭示作文的最大道理：认真生活的人，文章必然更好。脱离生活的文章，写得再好也是假好，无法感动他人。

正如人生理想是逐渐实现的，文章也是慢慢变好的。指望看了一篇文章、一本书，就能马上写出好文章，这就好像你指望明天就能大学毕业一样，不仅不现实，还把心态搞得很焦躁，变得更不会写文章了。伟大的孟子曾经说过做人做学问的三原则：一是不能贪，放低期望值；二是不能忘，要经常练习；三是不能急，慢慢来。（必有事焉而勿正，心勿忘，勿助长也。）按这原则来，你写好文章是必然的，你读好书是必然的，你做好人也是必然的。

祝开心。

连岳

任何一位小朋友，都能学好语文

连叔叔：

你好。我是一个四年级的小学生。关注你是因为我妈妈。我以前看过你的《少年问答》，我也有一个问题想请教一下你。

还有两周就要期末考试了，我最近学习不太好，今天还月考了，成绩感觉比平常好一点，但又不是太好，在班级里排二三十名的成绩（班级一共三十八人。这次语文85.5，数学98），在学校里根本就不算什么，差不多六七百名（学校一共九百一十人）。但其实我一、二年级时学习非常好，以前还经常拿全年级第一，但是从三年级后就开始往下跌了。整整跌了六七百名，现在有时候还考八百多名。

而且因为我成绩的大幅度起伏，老师还经常觉得我能考好，但我觉得我考不好。所以老师的想法和我的想法不一致，老师就经常生我的气，上课的时候当众批评我，弄得我很没面子，放学之后还经常留我在学校里。

我想问连叔，我应该怎样才能上课不浮躁，好好复习呢？

连叔：

您好！

我是一名五年级的小学生，如今距离期末考试只有十天了，我还是决定给您写一封信。

我读您的文章也有一两个月了，想从您身上获得一点启示。在班上我的成绩算中等，语文比较差，自从三年级以后，我的语文就很差，三年级以前一直都在95分以上，虽然妈妈给我报了补习班，但还是没有什么效果。如今期末考试即将来临，语文我很想上90，但又害怕上不了。前两次期末考试我都是70多分，让我快要失去信心了。看到勤奋的表姐如今参加中考，我又增加了一点信心。而我距离小升初也只有一年了，我能考进我想上的学校、想上的班级吗？我觉得我上完初中之后就上不了高中了，我很害怕，但又不知道怎么做。

我很想努力，但却又不知道从哪开始，现在连数学成绩也在下降，我真的很担心，求回信。

赣州的迷茫小学生

* * *

两位小朋友:

你们两位的来信提了同一个问题——语文差, 怎么学好语文? 所以合并回答。抱歉迟了近一个月回你们的信, 帮不上你们期末考什么忙。不过, 就算我及时回答, 你们的期末考也无法脱胎换骨, 这是学好语文的第一个建议: 放弃急功近利的想法。

但从今天开始, 按我的第二条建议执行, 到下学期期末, 你们的语文一定会有大的起色, 甚至可能名列前茅。

学数学与学语文, 有一点不同。数学是学好一个逻辑体系, 吃透基本定理, 之后的万千变化, 都可由定理推演而成。而语文需要大量的记忆, 中国文字是象形字, 多一点, 少一横, 都是错字, 每个字都是一幅画, 只能硬记。否则, 看了都会, 一写就错。而如何用好每一个字, 尤其是数千个常用字, 是一辈子的学问。一个字放在不同的位置, 不同的语境, 就会产生微妙的差异。只有能随心所欲用好这些字, 才能传递出细腻的情感, 深刻的思想, 最终尽善尽美。

怎么把字用好? 这也得靠记忆, 你记多了大师们的用字, 最后你用字也是大师级的。其实, 就算手头只剩下一本语文课本, 你也能学好语文, 我们也要有只用课本就把语文学好的本事, 不要依靠什么补习班。课本里的都是好文章，是那些作者们一辈子最好的文章，只学几个生字和思想，远远不够，把它们背下来才够。给自己一个任务——一篇课文，无论老师有没要求背诵，自己非把它背下来不可。背诵好文章，是非常有趣的事，这是连叔常年的最爱，我每天花时间背诵，有些书我能从头背到尾。脑子里记住的好文章多了，你走路时，坐公交地铁时，无聊地排队等电梯时，心里调出一篇文章仔细琢磨，像牛反刍，此乐何及？这样不仅文章能写好，你的心性也能安定。就这么一天天背下去，一学期把一本语文书背了，没什么难的，那时候语文想不好，都不可能。

祝开心。

连岳

粗心小孩细心术

连叔：

您好！

我是一名一年级的学生，我一直在看《少年问答》，也想收到您的文zhāng。我想问您一下，我的成jì一bān，语文99.5分，数学一样，英语……就不知道了。暑假作业还有一些，我lí开学还有七天！！！我马上要上二年级了，我zěn么能kǎo mǎn分啊？我知道我要gǎi变自己，可就是那么cū心，我xī wàng连叔能给点jiàn yì，拜托了。zhù连叔身体jiàn kāng，祝开心！

cū心的小孩

* * *

粗心的小孩：

想改变粗心，是学习真正的开始。一个人学习好，水平高，往往不是他特别聪明，而是他特别细心。细心意味着有耐心、有条理，这样，简单的题目他不犯错，复杂的题目他能慢慢找到突破口。

但粗心并不是想改就能改的，它会跟我们很长时间。连叔有些同事，读了很好的大学，很聪明，但也会像你一样粗心，常犯一些完全可以避免的错误，我在很长时间内的工作重点，就是改变他们的粗心。说这事有两个意思：一是不要一犯粗心的错误，就急着否定自己，读好大学的人，很多也还会粗心；二是要做好与粗心长期缠斗的思想准备，再细心的人偶尔也会犯错，人可能永远都会有一点残余的粗心，我们的主要任务是控制它、削弱它，让它小得不能再小。

人在两种情况下容易粗心犯错，我们反着来，不让这两种情况出现，粗心就少了。

一是拖拉，仓促完成任务。比如暑假快结束了才赶作业，这时你脑子里想的是完成作业，而不是准确完成作业，这样的作业，大错小错定然不少。如果我们总是把最后的、最少的一块时间留给作业，就不可能减少错误。先把作业做完，时间还有剩余，然后检查作业，这样错误就会减少。最重要的事一定要先做。

二是当粗心的人说完成时，其实并没有完成。写上作业的最后一个字、最后一个标点，就完成了，可以去玩了。似乎也没有错，老师或爸爸妈妈看到题目下全写上了字，也会认可你完成了。此时让你再检查一遍，你就会不情愿、不耐烦：我已经完成了，为何还要做检查？其实检查完成才是真正的完成，检查是做作业（任务）最重要的步骤，只是检查要靠自觉，他人很难核实，这就给偷懒留了机会。你真不想粗心，那就不要偷这个懒，把检查完作业作为真正的完成。

顺便说一声，养成检查的习惯后，整个人的生活质量与境界都会提升。你不会那么容易发脾气、责怪与批评他人，因为发作之前你会检查一下自己对不对、合不合理、有没有冤枉人。你不会那么容易上当（也就是变成了聪明人），各种各样的骗局、流言、误导，之所以得逞，与人们不检查、轻信有很大关系。而检查的习惯不主动养成，关键时刻不可能凭空产生，因此人生难免过得糊里糊涂。

某种程度上，我们学习的重要内容就是学会检查——检查自己的说法，检查他人的说法，检查权威的说法，找出其不严密的、不对的地方，这样就得到了新知识、好知识。

列表检查是很好的检查法，在本子上写下自己要检查的几个方面，一一对照，这样不至于放松疏忽，使检查流于形式，变成假检查。对于头疼自己粗心的人，比如像你，可能几乎每次都会粗心出错，有个反向检查法是学习检查术的最好入门：既然我一定会犯错，那我检查就一定要找出一个错误，一遍找不到，就找两遍，找到为止。这样找半年，检查水平就高起来了，心不知不觉就细了，满分也就手到擒来了。

祝开心。

连岳

正确反对“唯分数论”

连叔：

您好！

我总是在深夜看您的文章，觉得能帮人解决烦恼是一件很酷的事。从前没想过在十七岁成为准高三生时我也会给您来信，希望能得到答复。

前段时间江苏疫情加重，使准高三的我推迟了一个月开学，可我一点都开心不起来。学校安排了网课，我是没有自制力的，虽然网课也在上，但是作业好多，来不及时只能抄一部分，好罪恶。我成绩不算好，勉强能看，还差本一线二十分。最后一个星期，作业都是自己写的了，我以为这样能缓解我的焦虑，但显然没有。我也不知道在焦虑什么，总是感觉身边的人很努力，自己不学习就是落后了。我是知道的，人生的路不只局限于读书，有好多好多有意思的事可以去做。可就现在来说，高考便是我人生中最重要的一件事，我不想卷，我不喜欢，但又不得不去做，这是我更不喜欢的。我不喜欢现在的自己，她一点都不有趣。开学一个星期就要考试，我知道我凶多吉少，这也是一件让我头疼的事，但我得为自己的暑假生活买单。

家里人都待我很好，会尽量满足我的合理要求。我觉得我不上进就很对不起他们，他们为我付出了很多，我不想让他们失望，可我还是振作不起来。我并不赞同“唯分数论”，家里人也没有给我压力。可每当我考得好时，家里人就会很开心，我自己当然也会开心；考得不好，家里人也不会过多说我骂我（可能是这几年学生压力大造成的后果让他们也不太敢说我），只会跟我说加油，不要气馁。我是知道自己的错误的，但他们也不说我，我就有点说不出来的愧疚。每次考试完我都会好好反思自己，想着换方法，重新开始。我自然是想好的，谁都想大家开心的。高二下来也是有成效的，我挺满意的。可人好像总是不满足，有一点进步就想够得更高，我是愿意为之付出努力的。可假期一长，不在学校我就又原形毕露了，我好讨厌，我不想这样。我想变好，但好像总是在喊口号，好烦，我想改变。

我现在的心态好像还没准备好面对高三的生活，但我又是想回学校的，因为只有学校才能让我收心，在家总是能收到各种渠道的信息，信息量太大了，我根本来不及处理，每天都在不断地重复，好机械，活得好累。

三十号返校，我得找好状态，迎接我向往的高三生活！

焦虑的普通高三学生

* * *

焦虑的普通高三学生：

我也不赞同“唯分数论”。分数只能测出一个人知识的多寡，几乎无法测出一个人品德的高低。而人生的决定性因素，是品德。正如孔子所说的，千里马最重要的是品德，而不是力气，“骥不称其力，称其德也”。力气就是千里马的分数。但是，马没有力气，算不上千里马吧？也就是说，力气是千里马的基础，是必须要有的，只夸千里马有力气，对它的要求就太低了。同理，我们不赞同“唯分数论”，并不是不追求分数，而是分数追求到手后不能满足、不能停止，还要追求比分数更重要的品德，这样才能长成优秀的“千里马”，跑完人生的长征。

分数与品德并不是对立关系，而是协作关系。在高三，就得大大方方地、光明正大地、如饥似渴地追求分数，尽量冲刺一个更好的大学。高三是很苦的，可吃这苦给你的价值，远不只是分数。

一、它让你尊敬专业。敬字无价，一个人对规律、对专业、对师长能保持敬畏，将少走许多弯路。以“平等”和“怀疑”为借口，自高自大，抨击一切，是不少青少年常犯的叛逆错误，这等于失去了一切资源与指引，只会让人在弯路里迷失。一个高三学生，尊敬你的老师，敬畏老师们的课程设置，即使暂时不理解也坚决执行，收益最大。你只读一次高三，你的老师们教过多次高三，他们是老师、是专家、是长辈，你要给予三倍的尊敬，这样内心无怀疑、无对抗、无怨恨，精神平静，智慧生长，当然，分数也一定会增长。

二、它让你习惯枯燥与重复。好的人生就是一直做正确的事。正确的事总是伴随着责任、纪律与辛苦，刚开始时难免觉得累，会走神，还会有不甘愿的情绪，只有枯燥与重复到了一定的量，才能引起质变，生出甜味，令你着迷且上瘾。高三生面临高考的压力，同学努力的压力，这些压力逼迫着一个人必须接受枯燥与重复，而且一年的时长足够引起质变。没吃过高三的苦，就更难得到人生的礼物。

高三毕业后，无论分数高低，人生的挑战都才真正开始，只要用好在高三学到的“保持敬意”与“不怕枯燥”两大技能，就什么事都难不倒你。“保持敬意”让你总能向最优秀的人学习；“不怕枯燥”让你能够不分心（手机、网络、游戏都诱惑不了你），啃下最难的知识点、技能点。

加油，高三的累，是无价之累。

祝开心。

连岳

为什么学生只有好好学习这唯一的选项?

亲爱的连叔:

您好!我是一名初二的学生,最近总有一些事情让我日思夜想。希望连叔能在百忙之中看到我这封冒昧发来的邮件。

事情是这样的:那时我七年级,刚刚知道学校有篮球队,并且篮球队员是从小学特招过来的。那时的我对篮球十分感兴趣,看到篮球队为学校获奖时,一股想进篮球队的冲动从我内心蹦出。接着,我靠关系找到了学校的篮球队教练,询问我能否进队。教练给了我一个机会,我也成功地进入了篮球队。但是,不到两天班主任找到了我,不准我去篮球队!我百思不得其解,为什么突然就不让我训练了呢?

后来,到了初二,我们换了个班主任。我和班主任说了我想打篮球的事,班主任问我是不是特长生,我坦诚说不是。之后,班主任就没再提起过了。

就在几个星期前，我再一次向班主任提出想进篮球队，却被班主任一票否决。班主任告诉我，现在我只有两种选择：

一、可以去篮球队训练，但是从今以后学习成绩好坏与他无关。以后要是篮球打不好，就只能自己讨饭了。

二、不去篮球队，好好学习，考一个好一点的高中，然后能读个好大学。

班主任的答复使我进也不行，退也不行。我该怎么办？

到底是去校队还是好好学习？希望能得到连叔的回复。

一个迷茫的初二学生

* * *

一个迷茫的初二学生：

能在学校引人注目，这对青少年来说，是难以抗拒的诱惑。作为校队的一员，代表学校比赛，成为校园里的明星，当然引人注目，即使按你的水平，进校队并非主力，只能坐板凳当替补，可照样也能引人注目，这就是你挖空心思进校队的心理动机。运动使人显得特别帅气，魅力盖过那些成绩特别好的孩子。求关注的欲望马上可以得到满足，让你念念不忘。

想引人注目的心理动机没有错，不仅没错，还特别好。正因为有它，人们才会展开竞争，赢下比赛，获得成就，做出贡献。要让人注目，你总要变得特别一点。如果所有人都只能活到初中毕业，我支持你进校队风光一下。不过，现实是初中属于人生刚开始的那部分，多年以后，很多同学的名字你都记不起来。所以，初中时代的明星，如果无法持续自己的辉煌，一到高中就会被人遗忘了。你初中的校篮球队，都要靠关系才能进去，说明篮球的好处，你最多吃到初中毕业。以后的人生，难道就靠回忆初中过日子？你真这么做了，你的同学会觉得你很可怜，很无聊。别说回忆初中了，那些特别爱回忆高中、回忆大学辉煌的人，都会被听众视为心理有点毛病。

初中生，唯一的选择就是好好读书。任何一个阶段的学生，小学生、高中生、大学生，乃至博士生，都是如此。这不是说体育就不重要了，重要，只是和学习相比，体育处于次要的、辅助的地位，你学习之余照样可以打打球。

人类社会，实质上是知识社会，最大的竞争力是获取知识、创造知识的能力。所以学习的过程很长，学校生涯，少则十来年，多则二十来年。只有在学校这个系统中逐级打怪，我们离开学校后，才能成为一个主动的知识创造者。当然，在任何一个学习阶段，成绩特别拔尖的学生，总是只有几个。多数孩子很努力，成绩还是很一般，你可能也会如此。这不能表明他们白学了，恰恰相反，他们学到了人生中最重要的一个技能——承担责任，尽力而为。我是一个学生，学习就是我的责任，无论结果如何，尽全力拼就是了。能坚持这个简单原则的孩子，在学校里再普通，再不引人注目，将来都会有一个丰富的、幸福的、受人尊敬的人生。

一个能承担责任、尽力而为的人，是无敌的，他的家人，他的朋友，他的同事，一切遇见他的人，都不可能不喜欢他。这样的人，在他们是初中生时，往往就是那些好好学习，但成绩可能一般的孩子，人生非常长，他们当时的好品质，要经过十多年、几十年的积累，才能显现出来。

祝开心。

连岳

3

我为什么要那么累

人不可能永远幸福，经历过痛苦后，幸福更稳固。

孩子，你一定会越来越美

连岳叔叔：

您好！

这一封信写得有一些冒昧。我是一名初一的学生，成绩算中等，但是这个学期我的成绩下滑很厉害，也许是我个人原因，也可能是受周围的影响。因为从小学我的家长就开始跟我说“你要好好学习”“咱们家穷”之类的话。我一度以为大家都听过这句话，但是到了初中，我发现并不是每一个人都有这些经历。有一些同学由内而外地散发出一种自信，他们明明也不是很漂亮，但却很招人喜欢。

从小学到初中，挺多人说我长得丑的，很久不联系的同学也会这么说我。我一直在想，相貌难道不是父母给予的吗？大众的审美就是高鼻梁、白皮肤。我的皮肤不白，长得也不好看。父母也说过我，说我为什么长得这么丑，还黑。我一直以为不会有太多人看外貌，现在想想是我错了，外貌很重要，很多人只是口头上说着看内在，可实际都是看外貌。

身边的同学都长得很漂亮，我不知道我该怎么办。我不太善于表现自己，感觉什么事情都做不好，做了也是白做，还不如不做。每次做什么都不成功，我不知道怎么办。同学说的话我可以不在意，可是家长也这么说，我感觉自己真的很差很差。因为青春期脸上长痘痘，这又是一个让我不自信的原因。我没有勇气去面对自己，不管我做什么事，总有人比我高一头。

我感觉我真的很差劲，但我又不甘心这样。我有没有办法能改变呢？我该怎么办呢？

麻烦

* * *

麻烦：

初一学生说自己是美还是丑，还太早。人的容貌气质一直在细微地变化。不少人初一时是丑小鸭，到了三十五岁左右，你突然发现，咦，Ta怎么那么光彩照人，那么美？而且从此越来越美。这就是人这种高等动物高等的地方。低等动物，生来是鸭子就一直是鸭子，再努力也是鸭子，生来是天鹅就是天鹅，再懒惰也是天鹅，和后天没什么关系。人不一样，人与人之间的差距，可比鸭子与天鹅的差距大，是鸭子还是天鹅，往往是后天努力的结果。

初一左右这个时间段，可能是少年时光中最残酷难熬的了。脱离了小学生的萌态，已初具大人模样，但又还没有成年人的节制，表现出很强的攻击性，否定他人、否定自我。就像你现在的处境一样，用丑用穷否定自己，有的同学也用丑否定你。这其实是一种无聊的行为。你以为你的老师在乎哪个学生长得好看吗？相识几个星期后，那些学习认真、干净整洁、礼貌自信的学生，才是老师的心头宝。在以后的一切人际关系中，都是如此，起决定作用的，一定是一个人内在的品格、意志与能力。这些因素具备了，你会获得认同与尊重，你的外表也会发光。人像玉一样，是在时光的琢磨中变美的，不琢不磨，资质再好，也不会美。

有些事情就马上能做。比如干净整洁，你的衣着，你在家、在校的座位，都收拾清爽。然后再训练自己保持笑意，青春期的孩子，往往走反了，常眉头紧锁，满脸怒容，冷若冰霜，以拒人千里的方式表示自己不好惹、很重要。此时，你干干净净，脸含笑意，就是无敌的。

学习固然需要很长的时间，也经常容易被人比下去，似乎一时无解决之法，但学习的重点从来不在于比。学习的起点也非常低，人人可做。这起点是什么？是一个安定的姿势，挺胸坐直，双足放平，不写字时双手放好，上课时眼神专注于讲课的老师，阅读时专注于书本。这很容易，马上能做到；这也很难，多数人一生都做不好。他们坐几分钟后，身子歪了，脚抖了，手这里抓一下，那里挠一会，似乎浑身发痒，眼神游离，精神散乱。这种“定”并不是和人比，而是自己进入状态，定了，知识输入、思考推进就顺畅了。中国人一向善于学习，对学习的目标有很高的要求，是“止于至善”，这岂止是和人比，这是征服人性和整个宇宙。至善是无穷大的目标，但起点却是极微小的“定”。你就从“定”开始吧，安定地度过每一节课。

每一天尽力过好，耐心成长，你一定会越来越美的。

祝开心。

连岳

当你情绪低落时，应做什么？

连叔：

您好！

我是一名大二的学生，最近不知道怎么了，情绪一直很低落。在别人眼中我是个懂事、成绩优异的孩子，父母也为此而感到骄傲。可是，他们并不知道我背后的烦恼，我也很少跟父母说，怕他们替我担心。

高中时期，我不知道崩溃了多少次，除了我的家人，其他人一概不知，家人也只是觉得我抗压能力不行。高中时我是体育特长生，当时训练成绩一直不好，直到考试前一个月成绩还是非常差。自己训练也没偷过懒，别的同学休息时，自己还在继续练习，生怕自己比别人差，但就是一直无法提高成绩，要不是我姐姐的鼓励，我可能还考不上一个本科。后来是体考前几天，成绩忽然就上来了，当时的喜悦是没人能懂的。

上了大学我又开始迷茫了，对未来很担心。大一上学期我拿到了国家励志奖学金，父母也为我自豪。现在马上就要大三了，教师资格证考试马上也要来了，我却整天浑浑噩噩，没有了高中时的那种拼劲，遇到事情就烦，别人的一个眼神、一句话都使我很烦。可能是我计较的太多吧，放不下一些东西，导致我遇事就崩溃，度量小。本来不抽烟的我现在因为这个开始抽烟了，我知道吸烟的危害，也不想动它，但它能麻痹我的神经，使我放松下来。我真不知道该怎么办了，连叔，我想考研，又怕以现在的状态难以支撑，我不知道哪天就崩溃了，我都怀疑我得了焦虑症，真不知道该怎么办了。我也想开开心心的，可是没有值得开心的事，做啥也提不起兴趣。就在我给您写信的时候，室友要去拿快递，他跟我旁边的室友说，会帮他也拿过来。我来了句，也帮我拿过来吧，他却说拿不了了，快递忒多了。就这么一件小事也能把我整得不开心。

都说男人要大度，我也想，可是为什么我会这样。连叔，现在我真的很迷茫，也很苦恼，感觉事事都在与我作对，但我真的想与这个世界和解。连叔，我要如何断舍离？该如何不斤斤计较？我为什么就是大度不起来？作为一个体育生格局为啥这么小？我现在真不知道怎么办了，期待您的回信。

一个迷茫的大学生

* * *

一个迷茫的大学生：

我估计你现在吸烟还没有成瘾，赶快停了。学抽烟是世上最愚蠢的事，一旦学会，除了不停伤害自己的身体，还非常难以戒除。想戒又戒不了，那种状态，将让你对自己的意志力产生深深的怀疑，自我评价低，进而导致容易放弃。连叔在青少年时，由于叛逆、好奇、无知，曾不幸学会了抽烟，从想戒到彻底戒断，反反复复，花了几年时间，头尾烟龄十年，近一半时间在戒烟。人生本来要做的大事就很多，别给自己额外挖一个戒烟的大坑浪费宝贵的时间。

人的情绪像钟摆，总会有摆到低落那一极的时候。不要低落情绪一发生，就以为自己不正常，进而惊慌失措。你是体育生，有丰富的运动经验，知道运动的极点，当它出现时，似乎一秒也坚持不下去了，可是熬过那几分钟，运动就进入了美妙的享受阶段，力量源源不断地涌出。一个人不知道极点的存在，没有战胜过极点，他的运动总是以痛苦收尾，体验不到乐趣，就会害怕极点和运动。同理，低落之后，人的情绪就会复归平静，摆向快乐。知道这种演变趋势，你甚至可以用低落对冲一下人在快乐中的盲目乐观，麻痹大意，让自己更为平和。青少年时期，想法很多，力量还小，情绪起伏大，掌握一些应对情绪低落期的办法，有利于自己成长。

低落期不要做错误的事，不然将延长低落期，甚至让自己永久停留在低落期。比如你学抽烟。有人还会酗酒、赌博、惹事、打架。有些人的一生就毁于这个冲动的瞬间。

孔夫子绝粮于陈，在这人生低谷时，说过一句很有意思的话："君子固穷，小人穷斯滥矣。"君子越是处于穷境，越能守住正道，小人在穷境，就会没底线乱来。穷境，不只是指缺粮缺物，也指一切逆境，苦苦求索而不得之境，是运动中的极点，是黎明前的黑暗，它是奋斗与成长时经常出现的状态。穷境必然伴随着心理状态的低落。如何应对这低落，分出人的高与下，大与小，穷与达。

在低落期，事事不顺，总觉得世界与他人针对你。你的室友不帮你拿快递，是他的权利吧？他可能确实拿不了那么多。这么正常的一件事为何让你那么不开心呢？因为你此时特别需要肯定与支持，有一根善意的稻草就能救你。知道这点后，你可以反其道而行之。求人，总是容易得不到，被拒绝；此时可以给予，你主动去拿快递，问室友是否需要你帮忙拿，你会得到笑脸、谢意，会被接纳，一个小小的良性互动将改变你的情绪走向。

慢慢积累这些小技术，在低落期看到的正能量就会越来越多。你可以去跑步，散步，看风景，收拾房间，去大声朗读，在心里背诵喜欢的文章，去主动帮助他人，去做一切正确的事情，这样，你就不会怕低落期，经过若干年的训练后，你还能把情绪主要控制在平静状态，得到禅定的能力与智慧。

祝开心。

连岳

我为什么要那么累?

连岳叔叔:

您好!我是一名马上要上三年级的小学生,我上二年级的时候妈妈就带我一起看连岳叔叔的《少年问答》了。虽然有一些连岳叔叔回复大哥哥大姐姐的话,我还不是很懂,但是妈妈总会解释给我听,实在不懂时妈妈就说要我继续努力好好学习,以后就会懂了。我觉得连岳叔叔是最聪明的人,因为没有什么问题可以难倒他。

爸爸妈妈说我是优秀的,学习自觉,成绩不错,经常被老师表扬,同学也喜欢我。可是我觉得自己还有很多缺点,我很爱哭,容易不高兴、生气,但也爱笑。我还很爱我的爸爸妈妈。

最近我很不开心,大家都还没有开学,我就要每天七点起床去学校集训,因为开学要去参加体操比赛。集训很辛苦,每天要在体育馆跑十五圈,还要训练很多动作,我很想妈妈和妹妹,尤其是妈妈。每天早上爸爸开车送我去学校我都要哭很久，我想妈妈，我不想训练那么累，我想在家吹空调和妹妹玩游戏看电视画画……干什么都行。可是妈妈告诉我，想妈妈是因为爱妈妈，但是如果每天都哭就影响了心情和身体，这样的爱不好，要克制，要我学会满足，如果总是哭就要送我去学校寄宿集训，跟其他集训的同学一起。连岳叔叔，我总是忍不住想哭，我不想去寄宿，我想妈妈，怎么样才能让我没那么爱哭呢？

一个爱哭的小女孩

* * *

一个爱哭的小女孩：

若哭完你的压力会释放、心情会变好，其实我不反对你哭一会。很多人面对压力时，找不到释放的途径，其实很辛苦，甚至会被压垮。而你天然有办法，压力来了，我哭三分钟就可以笑了，这是很幸运的事。每个人都有一些天生的独特之处，用得好，这独特之处就是礼物。爱哭是你的独特之处，用不好，用哭逃避学习与训练，以眼泪作为武器迫使父母让步，这独特之处就是缺点。可你没有，哭完照样完成一天的任务，你就属于会使用独特之处的人。你熟悉这情绪的起伏周期后，甚至在哭之前可以先安抚爸爸妈妈妹妹：别害怕，别担心，接下来我要哭三分钟，调整一下自己。这就变成了非常酷的事。所以，我们有什么独特之处，不同于他人的地方，没必要嫌弃自己，只要找到独特之处的正确使用方法即可。

这使用方法如何找到呢？比如任何一个健康小孩，都有潜力进行长距离跑步，做出令人惊叹的体操动作。可没有像你一样的系统训练，大多数人一辈子也无法长跑，在体育场连续跑一千米，他的心肺感觉就要爆炸了。而完成一个有难度的体操动作，更是极少数人才有的本事。你还只是这么小的孩子，在身体的使用方法上，就已属于少数优秀群体，这将让你终身受用。没有让你想哭的训练，就没有这收获。

一切学习都是如此，学习就是得到正确使用大脑方法的过程，并用以解决难题。在得到这本事之前，会有一种“被强迫”的感觉，爱哭的小朋友总是想哭一会。几乎没有人天生爱学习、爱学校，人人都想吹空调、玩、享受。我想，每天送你去训练的爸爸也是一样的，但他还是得早起、工作，他却不哭。家里有两个孩子，你妈妈一天做的事可能更多，她也没哭。因为他们经过漫长的学习过程，已经没有了“被强迫”的感觉，他们会主动去学习、工作、照顾家人，承担起一切责任，这就是你妈妈说的“以后就会懂了”的事。如果你爸妈不负责任，也只想着玩和享受，那么，你和你妹妹就没房子住，连空调的电费都交不起，那真是要一天哭到晚——不幸的是，世上确实有少数这样不负责任的父母。负责任的父母没人强迫就愿意早起送孩子，去工作，忙碌一天，完成所有任务后再坐下来休息，很重要的一个原因就是当他们看到孩子的笑脸时，他们就觉得幸福，比吹空调、玩，幸福一百倍。

正确度过人生唯一的方法就是“我爱谁就要让谁得到幸福”。“强迫”孩子上学，养成好习惯，都会招孩子“恨”，父母为什么要做这种吃力不讨好的事？一起吹空调打游戏不好吗？那是因为他们知道，孩子只有好好学习、养成良好的习惯，将来才能应对人生难题，才会幸福。暂时被“恨”、被误解，即使需要躲起来哭一会，他们也愿意忍受。有些事情很辛苦，辛苦到我想哭，但我爱你，我愿意哭完后把它做好，这就是爱，我们就是这样彼此相爱的。

祝开心。

连岳

经受一点“匮乏感”与“自卑感”有好处

连岳叔叔：

您好！我是一名上海的初一学生(过了暑假之后)。我关注您的时间并不久，但看了很多您给其他读者的回信，受益匪浅。这段时间我遇到了两个困扰我的问题，希望您能解答一下。

我就读于一所私立学校，学校要求很严格。可能正因为我们学校较严格的要求，我身边的同学都很优秀——要么成绩特别好，现在就能掌握并运用初二、初三的知识；要么有很多才艺，或者精通一种才艺，在各大权威性的比赛中获得过很多奖；要么长得好看，人缘也好；要么两者兼备，甚至三者兼备。而我，只不过是个平平无奇的学生罢了——各科成绩都一般，没有才艺，长相也很普通，还戴着一副厚重的眼镜。因此，在这种环境里，我也有些自卑，觉得自己处处不如人。我也努力想要追赶上他们，可是我在努力，他们也在努力。

同时，我也很羡慕他们的家庭。可能是私立学校学费贵的原因，在我们学校读书的学生家里基本都很有钱，一般都是爸爸是公司老板或高管，妈妈在家里陪伴孩子。而我们家，爸爸妈妈都要上班，努力挣钱还我们家房子的贷款以及供我上学。所以每每看到其他同学发的和爸爸妈妈一起运动、学新技能的朋友圈时，我都十分羡慕，我希望我的爸爸妈妈也有时间陪我。可我也知道他们工作辛苦、压力大，平时的休息时间，肯定也不会想听孩子抱怨，让孩子占用这个时间，所以还是让他们自己放松去吧。

或许我不应该抱怨那么多，毕竟能出生在上海，并且在这样一个还算富足的家庭生活，我已经十分幸运了。可我有时还是会因为这两个可能有些幼稚的问题彻夜难眠。希望连岳叔叔能给我一些建议，开导开导我，或者也可以骂骂我做得不对的地方。期待收到您的回信！

一个有些自卑且羡慕别人的小女孩

* * *

一个有些自卑且羡慕别人的小女孩：

你有大优点。

一是你文字的流畅度及深度都大大超过同龄人。

二是你能体谅父母，换位思考。能穿他人的鞋子思考，是人成熟的关键，很多人一生都做不到。

这两个大优点，又恰恰来自你的“匮乏感”与“自卑感”，没有它们真实的冲击，你没有切身体会，文字也就没有深度；如果你父母满足你的一切要求，他们不会那么辛苦，你享受得理所当然，心安理得，可能至今也不会想一想钱是怎么来的。

我并不是说匮乏与自卑是好事，而是说它们隐藏着价值，你若不能挖掘出来，就只能得到痛苦；你能挖掘出来，它们就会成为你独特的力量。反之亦然，满足与财富也隐藏着危险，你不警惕，它们就是陷阱；你警惕，才能长久保有它。可是，富足天然让人放松警惕，不知这个财富悖论，不去解决它，富人将变穷，富国将变弱。你看，美国抛弃傀儡政权从阿富汗狼狈逃跑，耻辱地结束二十年的占领，并不是因为它不够富强，而是它只会依赖富强，想打谁就打谁，哪里瞧得起阿富汗这样一个小破穷国。可又穷又恨的对手是最危险的，因为它们没什么可以失去的，所以在消耗战中一定会笑到最后。这个简单的道理美国人想不明白，就是因为他们的政客太容易得到满足，太自大了。

恰当经受一点“匮乏感”与“自卑感”是有好处的，它相当于打了疫苗，可防富贵病。没有打这疫苗，天天撒钱，事事满足，这样的幸福与优势很脆弱，再过二十年，可能就会像这几天在阿富汗的美军一样,保不住尊严,成为笑话。

你觉得你落后,我看你是领先;你觉得你资源不够,我觉得你资源很多。把这领先与资源用起来,倒也简单,每天把课堂上学到的知识吃透即可。初一不知道初二、初三的知识,不是缺点,好高骛远,贪多求快,反而会让你轻视基础,分散精力。基础教育,难的是聚焦,把精力专注到当下的知识点上才是重中之重。基础打好,循序渐进,到最后一举制胜,仗要这么打才能赢,学业与人生也是如此。

祝开心。

连岳

低学历的优势

连叔：

您好！我是一名技校的学生，电商专业（五年制），最近遇到了一些事情想请教一下您。

我妈妈在我两三个月的时候就离开了我，在我四岁的时候回来了几个月就又走了。我爸又是一个酒鬼，平时骑摩托车拉客赚钱，也没有存款。我是我姑姑、奶奶和爸爸带大的，我很感谢他们。三年级的时候我爸给我找了个后妈。我挺开心的，她来了之后生活都好转了许多。他们结婚还没一年又离了，原因还在我爸，他老是喝酒，喝完就打我后妈，最后她受不了就离了。后妈在的那段时间应该就是我人生中最幸福的时刻了。

以前上学有补贴，一学期学费也就几块钱，初三最后一学期没补贴了，学费花了三百多，然后我爸就一直跟我说这学期学费三百多你要给我好好学咯。但他只是嘴上说说，从来没有管过我的学习还有生活，就一直开心地过着自己喝酒抽烟的生活。我读了技校之后学费加生活费变多，他就供不起了，又拼命喝酒，喝完就跟我说他没钱，问我还要不要读书啊，不读出去打工好了。但是在现在的社会生存必须得有一技之长。不过他也是说说而已，我也没有太在意。

就在过年那段时间，我爸开始疯狂酗酒。我也知道是因为快开学了，他没钱给我交学费。他喝完酒就跟我说，自己赚不了钱养不了家，现在还供不起我读书。每次他自己也不知道怎么办的时候就会喝酒，喝醉了就跟我说一大堆是谁把我带大的，我妈在我几岁的时候就不要我了之类的话。还跟我说要把全部身家交给我，让我自己打算。听到这话的时候我都不知道怎么办了，其实我爸也不知道该怎么办了。最后还是勉勉强强搞到了学费。每个学期我都在疯狂学习，也跟我的舍友们保持了距离，因为他们都是在混日子，我又是一个被动的人，很容易受别人影响。在那段时间里我也无数次有过轻生的念头，但是想到这世上肯定有比我更不幸的人，他们都能坚持过来为什么我不行，就这样一次次的打消了这个念头。

但因为暑假这段时间，看到颓废的爸爸每天就是喝酒睡觉睡觉喝酒，我感到好焦虑好迷茫。前两天又偶然在新生群看到一个五年制学长说自己毕业出来是大专文凭，出去应聘没人要。我感到更迷茫了，然后算了我接下来四年的学费跟生活费加起来大概要三万左右，如果我下个学期转学去三年制学习的话，到毕业一共需要两万左右。五年制的是人社局发毕业证，三年制的是教育局发。我现在也不知道我到底该怎么办。（内容有点乱，请您不要介意。）

希望连叔能给点建议。谢谢！

蕉绿的大头

* * *

蕉绿的大头：

你成长期间吃了很多苦，这有个好处，你不会害怕听一些真话。

你以后的文凭，无论是三年制，还是五年制，应聘时的加分功能都极其有限。有些混的同学可能也就是看到了这点，觉得有没有这张文凭差别不大。但这种选择是错的，既然已经读了，那就认真读，在任何一所学校，只要认真，都能学到一些东西。认真本身就是“一技之长”。

你身上已经有不少立身的技术。能给我写这封邮件说明你有基本的写作能力，能读能写，自我教育的大门就已经打开了。

这自我教育并不应狭隘地理解为你以后要一路考文凭，而是指让自己更好地理解世界、理解自己。

人的一生就是学做人的一生，做人最重要的一点就是要自食其力，这一点也不难。你爸爸酗酒，靠骑摩托车拉客，他也养活了自己，还勉强把你拉扯大了。你现在也骑摩托车拉客，马上就可以打败他，因为你不酗酒。你看，养活自己就是这么容易。所以不要怕文凭低，绝大多数职业是不需要文凭的，只需要你放弃一点偏见与面子，突破这点心障，低文凭反而有优势。你让一个本一生去骑摩托车拉客，那很难，他想做的一定是公务员、事业单位员工、写字楼里的高级白领，非得光鲜亮丽。于是不少文凭高的人被文凭锁死，毕业即失业，越来越被动。而一个小学文化程度的人、一个文盲，他骑摩托车拉客养活自己，一点心理障碍也没有。低学历、没文凭反而为他打开许多生路。你是技校生，文化程度已算高的，让你骑摩托车拉客，我估计你还是会有一点心理障碍的，要去掉它。

我建议你成年后考个摩托车驾照，寒暑假也去拉客，这样有不少好处，一是你向从事这行的父亲请教，可以增进父子间的良性沟通；二是开始赚钱后人会更主动，更努力；三是你的择业标准会变成“凡合法的职业均可”，这样世界与人生就会广大无边。

当然，不是非骑摩托车拉客不可，尝试去做一点事，挣一点钱，不要歧视任何合法的职业。将来从事任何一个职业，只要你认真、诚信、勤奋、负责，就不仅能养活自己，还能活得好，我们最终也是靠这些品质受人尊敬的。

祝开心。

连岳

拥有奇妙力量的苦小孩

连叔：

您好！

我今年十五岁，经朋友推荐，在微信公众号看过您很多文章，也读了您的《我爱问连岳之少年问答》，受益颇多。

简单说一下我的苦恼：我的家庭很不美好。我的爸爸是导致这个家庭不美好的主要原因。他对自己兄弟很看重，这本是好事，可他的亲生兄弟，我甚至无法用语言形容。他一味地对他们好，得到的却是什么？他年轻时还有家暴倾向，我妈妈也是不服输的性格。我记忆中从很小的时候开始，他们就经常打架。年幼的我会怎么做呢？我拿刀放在自己的脖子上，说："你们再吵，我就不活了！"

我印象很深的一次，是大年三十我们一起去奶奶家吃饭，因为我们家离奶奶家不算远，爸爸骑着摩托车带着我们就去了。可他在奶奶家和二伯几个人喝多了，我妈妈怎么拦都拦不住，他们大吵了一架。奶奶家住不下我们，回去路上他坚持要开摩托车，我妈妈在气头上也不拦他，他摔了一跤，几乎不省人事，胳膊摔骨折了，鼻子也摔出血了，还有轻微脑震荡。我和母亲在零下七八度的夜晚站了两个小时，打120，给奶奶打电话……而那一年，我四岁半，刚上幼儿园。后来每次妈妈送我上学路过那儿，我还能看到那路上的血迹，属于我亲生父亲的血迹。

如果从此以后他把重心放到我们的小家庭，那我们现在的生活应该也会很美好。可是他还是爱喝酒，这也是现在他和妈妈吵架的主要原因。我们全家都不同意他喝酒，因为他没有度。他和哥哥现在都在二伯的厂子里上班，经常和二伯喝酒，说一些不该说的话，让我们全家人陷入难堪的境地。我的哥哥有了自己的小家庭，我嫂嫂现在也在二伯的工厂，他们还有一个可爱的女儿。这一切本是多么美好。

我经常在家里听到他们的吵闹声，在课堂上也会偷偷流泪，每每想到我的家庭，我都会有一种辛酸涌上来。可是我的爸爸很愚昧，妈妈很暴躁。当我想坐下来和他们谈谈时，他们总是用各种理由敷衍我。我在班上考了第三名，他们也只是质问我为什么没考第一。一边让我远离电子产品，一边自己吃饭时玩手机。只要我的爸爸妈妈聚在一起，吵架就是常态，即使我第二天还要上课，他们也能吵到夜里十一二点。我每每听我的同学们说，他们的家庭有多么不美好，爸爸偷藏私房钱、妈妈爱花钱……我都要感叹这都是多小的事啊。

连叔，我现在对他们的吵架、各种矛盾表现得漠不关心。事实上我的心已经千疮百孔。我也不知道自己为什么会这样脆弱，看过您的许多文章，自己的家庭状况好像也不是最糟糕的。今年我十五岁，不愿意和他们沟通，他们做什么事在我眼里好像都是不对的，我总想着反驳他们，我意识到自己可能是叛逆期到了，我想控制自己，可每次都控制不住，我想到我的家庭，想到种种令我伤心的事，就觉得好难过啊。

连叔，中考在即，我该怎么做去平衡我家庭带给我的影响？

真心希望得到您的回复。

一个孩子

* * *

一个孩子：

读了你的邮件，我倒对你的未来很看好。

孩子早期的成长，家庭环境很重要。像你家这么差的环境，孩子大概都会长成这个样子：品行上有各种坏习惯，无法自律，沉迷于电子产品与游戏，甚至早早开始抽烟、喝酒，黄赌毒黑的大坑也在前面诱惑他们。孩子从小没有好的教养，成长风险增多，一生走歪的可能性就大，所以才有“养不教，父之过”的说法。但是，你从这个概率里逃逸了，这是人类代际更替里奇妙而残酷的地方。有些好父母恪尽职守，但收获一个坏孩子，这是残酷。有些坏父母不负责任，意外得到一个好孩子，这是奇妙。你站在奇妙这边，以后的人生，就用好这奇妙的力量吧。

你的父母，他们的将来，将像他们的过去一样。失控、怒气、争斗、意外，是他们的人生关键词。他们偶尔也想改，可是坏习的惯性太重，已无力更改，将一再重复犯错，这是最不幸的人生。有些人由于教育、见识、觉悟、意志的不足，会一再重复不幸的剧本，不幸时重复不幸就更不幸，幸运时重复不幸就会丢掉幸运，他们总要回到不幸。他们就是爱因斯坦所定义的疯子：一再重复错误的过程，期望得到正确的结果。

要注意，很多聪明人也会变成爱因斯坦所说的疯子，这往往体现为他们想改变不可改变的父母。孩子太爱父母，太需要父母，当他们看到父母的不足、不是、不爱之时，几乎无法接受，所以会像你一样产生不愿、不满、不平之心，希望通过悲伤、怨恨、冲撞去改变他们。这改变不会发生，而你又一再重复，希望有一次会发生改变，这也就成了疯子。虽然你每一次都能得到旁观者的同情，可这同情又进一步鼓励你重复，最后令你跳不出重复的怪圈。这样你的人生，本质不就和你父母一样了吗？

你要先跳出重复，专注自己的发展，才能延续奇妙的力量。先把中考考好，再把高考考好，大学也不要放松，成为人才，再把自己的事业、家庭经营好。再过十五年，你的能量很大了，伤心的往事就再也伤不了你了，你甚至知道那是好成长、好人生的成本。你也会怜悯你那可怜的、不幸的父母，但一切怨恨已烟消云散。强者化解一切，强者才有安宁。要当一个强者。

祝开心。

连岳

一个起死回生的孩子

连岳老师：

您好，我是一个初三快毕业的学生，之前初二的时候辍学去追寻我的“梦想”，想打上电竞职业联赛，想走上王者荣耀职业联赛的舞台。在去打比赛之前，我的学习成绩是全校第六。曾经的我一度认为自己在电竞这方面是个天才，可惜事与愿违，天赋这个东西挡住了我前进的道路。我在一个临界点停滞不前，家里也不是特别富有，我便放弃了这个梦想，却也从那个时候开始颓废，在家里躺了一年多。

现在临近中考了，最后一周的复习时间，我想尝试偷点分，至少能上个职高也好，于是便回到了学校。由于不想见到同学——因为当时要去打电竞的事被我弄得尽人皆知，怕他们笑我追梦没成功还被抓回来考试——所以老师就给我安排在办公室复习，并且说好了不会有同学来办公室。我知道七天时间复习两年的、学习一年的内容像是天方夜谭，可我也很努力地在学。

可就在今天下午，一个两年未见的同班女同学却出现在了办公室，且距离我只有一步之遥，她是我曾经喜欢过的一个女孩子，只是我没向她表白，我们整个学期都是以普通朋友的身份相处的。我认出了她，声音、样貌、低马尾，都还是原来的样子，因为当时我在和老师讨论一道题，所以她也通过声音认出了我，虽然没说什么，但我从她的眼神中还是看出了一些东西，一些说不清的东西。那个瞬间我害怕了，我开始焦虑了，心里全是“她怎么会来这里”“我要怎么解释啊”……以至于她走了之后到现在，我根本没有心思去继续学习，想睡觉也睡不着，满脑子都是她的影子，甚至明天不想去学校了，考试也不敢去了……我该怎么办呢？希望您能为我解惑或者教教我怎么对待感情的事吧，谢谢。

一个孩子

* * *

一个孩子：

是的，天下没有不透风的墙，你重回学校学习的消息，同学们估计已经知道了，你可能正处于舆论的中心。接下来几天怎么过？保持镇定去学校，然后去中考，即使有人围观你。这几天的学习效率与中考成绩，其实并非重点，重点是你展示了纠正自己错误的能力。这种能力，人要经过努力学习才有。你一个初三生就有，实属难得。有了这能力，人生犯了错误，走了弯路，还可能自新。否则的话，一次错误就断送一生，那样的人生太可惜，太脆弱。

你走的弯路并不少见。只是有的孩子被电竞、手机带偏以后，就回不来了。因为担心承认错误会让自己没有面子，怕被人嘲笑，他们索性将错就错，一躺不起。有种极有欺骗性的观点认为，电竞与手机应该让孩子从小随便玩，他们快乐地得到满足后就会失去兴趣，有免疫力了。这就像说要让孩子从小随便接触酒精、烟草、毒品，这样他们才不会上瘾一样。孩子的判断力与意志力还很弱，有害的成瘾物对他们的杀伤性是最大的。成瘾了，就需要保持并增加摄入量，才能不停获得满足。掉到这个无底洞里，父母就像看你溺水而无法救你一样，其中的痛苦，非文字能够描述。你能走出来，是个小小的奇迹，可以想见，你的父母师长此时心里的喜悦，仿佛见到你起死回生。从这个角度来看，你也不应怕同学议论，你做的是一件正确的事，你终于承担起自己的责任了。他们即使现在不理解，以后也会佩服你。再过十来年，他们就会像我一样，知道你现在的改过有多了不起。

当然，少年时代的学习时光，大段浪费后，必然会付出代价。

学校的课程设置是层层推进的，有精密的逻辑体系，走神一节课，都得花加倍的工夫补回，更别说你缺席了一年多。对接下来几年，甚至十几年的辛苦，你要有思想准备，你不再是全校第六的学霸了，要从最后开始往前追。

无论你将来读职高也好，没能进入大学也好，人总是能证明自己的。善待家人，忠于职守，有信用，持续学习，远离恶习与损友，恪守这几点，积累十来年，无论你有没有大学文凭，你都是受人尊敬的，你的人生都是美好的，都会有一个好姑娘在等着你。

祝开心。

连岳

对作弊风气感到困惑的孩子

尊敬的连叔：

您好！我是一名大二的学生。鉴于您每天要阅读很多来信，一定很疲惫，我就直入主题吧。

我崇尚公平，却总陷于不公之地！不公现象有：在学习上，与我水平相当的人总在考试时作弊（不是猜的，是我亲眼所见，每次考试Ta们都坐在我周围，每当监考老师出去时，Ta们就开始扔纸条，悄悄说话，渐渐整个考场就变得闹哄哄的。监考老师一进来，大家就都安静下来了）。本来我们实力相当，要是凭真本事的话，我也不一定会逊于谁，可总有些人会在自己的实力上再耍些小聪明，那我自然是比不过了。我就是个实心眼，我要是耍小聪明了，我过不了心里那关，我心虚。在考试这件事上，我更喜欢实事求是，毕竟知识学到脑子里才是本事。道理我都懂，很多时候我也是这样安慰自己的，可每当排名下来，我们的差距就那一点点，Ta拿了奖学金，拿了证书……我心里就不舒服，那份荣誉本该属于我啊！倘若Ta们光明磊落，结局是我输了，那我输得心服口服。可现实呢？？不公啊，不公。

除了在学习方面，在一些其他比赛方面，我也总能清楚地目睹一些同学通过作弊等手段，让自己的排名遥遥领先，最终拿到奖励。（若是当时可以带手机，我倒想把它录下来，证明这种事情确实存在。）

“道理都懂，却依旧过不好这一生”，这句话曾被人点评说幼稚，但我却觉得这句话很形象。在我的生活中，总会出现一些让人“意难平”之事。其实用一些大道理自我开导也是可以的，但我并非圣人实在做不到事后波澜不惊，每次都自己气自己，最终还是扰乱了自己的生活。我知道自己这样做不对，但我还是小情绪不断。我想改掉自己这样的性格，但又无计可施……还请连叔能在百忙之中指教一二，辛苦啦！

黛玉

* * *

黛玉：

别人作弊，而我没有作弊。这不是很酷的事吗？有什么可气的？这就是出淤泥而不染，这就是“虽千万人吾往矣”——对的事，千万人反对，我也会做；错的事，千万人盲从，我也不会做。有这种坚持，有这种气节，本身就是受过良好教育的证明，开心都来不及。

当然，我希望你所在的学校不要为了考验你一个人（或少数人）而放任作弊。你描述的情况没有得到纠正，当然是学校的失职。不过，你现在要想的问题是：如果学校一直失职，你要怎么办？这也算是提前接受了人生的大挑战——当我们可以作弊时，要不要作弊？——既然你在学校遇见了，那就提前成熟一下。这取决于你想不想取得人生的大胜利，想不想站在最高点。不想，那你就随波逐流做个庸人，别人变坏你也变坏。你对这点要有认知，因为你的话里已经有“别人都很坏，所以我当好人不划算”的意思了，这是人变坏之前必经的关键心理环节，过不了这关，就会滑向坏人那边。当它出现时，自己就要警惕起来。别人都很穷，你不会想穷，别人都感染病毒，你不会想被感染，别人都生病，你不会想生病。别人都作弊，也是同样的道理。作弊就是知识上的穷，就是思想上的病毒，就是成长中生的病。

但愿你是一个想取得人生大胜利的人。或者说你必须想，大二都没有这雄心，不敢特立独行，前景就不太乐观了。想要获得人生胜利的人，面对“别人都作弊……”的处境时，有当下和长远两个方案可以应对：

一是在当下成为最强者。作弊不可能成为第一名。作弊就是抄一点标准答案，理科的难题，文科的文章，没有真才实学，怎么可能答得好？就是给作弊者抄，他们也可能看不懂。魔高一尺，道高一丈。用实力碾压是最爽的。你再强一点，就能彻底鄙视作弊的人了。

二是延迟满足，目光放长远一点。作弊一成习惯，就是在混子圈里打滚，人生会受到诅咒。人生要履行的那些重要责任，可以享受的那些纯粹的幸福，都无法依靠作弊获得。作弊能得到健康？作弊能教育孩子？作弊能抚慰父母？作弊能做出重大决定？作弊能管理好公司？作弊能获得朋友？作弊能赢得尊重？都不能。作弊者只能当一个无足轻重的混子，在家庭里，在社会上，都是一个多余人，都是一个负担。这很公平吧？再过三十年，你到了我这个年纪，就会看到无数这种公正的人生判决书。

先贤说得好，做人做学问，重要的就是诚心，不自欺，要慎独，独自一人，没有监督，想作什么弊都可以，那时你仍然不会作弊，一生的功业就有了坚实的基础。同学作弊，你不作弊，这说明你的人生已经领先了，不要放弃这个优势。

祝开心。

连岳

能创造爱的人生，才是最酷的人生

连叔：

您好，我妈妈非常喜欢您，经常给我分享您的文章。我是一名即将面临小中考和期末考试的初二学生，我不知道我该怎么办了。初一暑假我和父母关系破裂，我开始不跟他们交流，初二开学我甚至跟老师顶嘴，挑战她的权威，不完成作业。我初一成绩不是很好，级部二百至三百名（级部共有六百多名学生），初二上学期成绩稳定在二百一十名，并且每天都在和老师斗智斗勇。表面上我每天上课睡觉不好好写作业，可是我在课后经常会花更多时间去学习，所以我的朋友经常说“你看你，不学习都能考那么好”，他们没有看到我的努力，我也不需要他们看到。可是这学期我被老师和朋友“抛弃”了，老师不再管我了，班主任甚至将我和我在这个班里关系最好的人分开了，她觉得我带坏了她的学生。上半学期因为我不服输且欠揍的性格被语文老师认为我不尊重她，所以这学期她没有管过我，并且总在课堂上“暗戳戳”地说我，比如：“不尊重我的后果大家也是看到了，比如某些人啊，就是不求上进……”只要上她的课我跟谁说话了，她就会让和我说话的人站着。我不知道我做错了什么，我的成绩并没有因为她不管我而下降，因为我最喜欢语文了，我不可能放弃的，可现在我好像坚持不下去了。

期中考试是全市统考，我只有两科没及格，成绩也下滑了一点。他们总说“你再努力一点就能考上高中了”，只要我再努力一点。可是我努力不上去了。我的情绪总是被影响，我变得喜怒无常，我控制不好我的情绪，每天都很崩溃，甚至觉得世界是假的，一切都是想象出来的，我很担心我的状态，我去网上查了一下，无意间看到了一句话“只是为生活不如意找的借口罢了”。我很生气，但仔细想想难道不是吗？我觉得我变得更维护自己了，我以前看到一个喜欢的人会心跳加速小鹿乱撞，可是我现在感觉不到任何感情的存在，会说一些很冷血的话，我的理性代替了感性。有时候我又会以上帝视角看着自己，明明知道什么应该做什么不应该做，可我控制不了自己的身体，我的身体达不到我精神指令的目标。我觉得我的身体和精神是分开的，身体里面像有两个人在打架，真的好累啊，自己反抗自己，真的一点意思都没有。我有时候还会觉得自己是不是有精神病，有时候身体的反应会告诉我们一些信息，我很害怕。我想过要不要去看一下心理医生，可是我的父母已经很累了，要是真的检查出什么来，他们也应该会接受不了。并且治病也是一笔很大的费用，我的家庭承担不起。所以我打消了这个念头，选择自己扛着。这段时间慢慢好起来了，可情绪还是我生活中唯一的变数，我不知道为什么所有人都能扛过坏情绪，我却败在了这里。还有两周就要地理生物结业考了，我想考高中，我不想平庸，我有这个实力去上一个我想上的学校。可是所有老师的孤立，自己的情绪，让我根本无法再前进了，都说熬过去就好了，可我熬不过去了。我每天都紧绷着一根弦，身体里两个人的打架让我太累了，我也很害怕突然想不开了就离开了。

非常感谢您能看完这么长的一篇废话，我很希望您能看到这封邮件，我真的很希望能得到您的建议，因为我真的没有办法了。

谢谢连叔。

一个迷茫的初中生

* * *

一个迷茫的初中生：

你想成为一个很厉害的人。这没错，我还希望你一生都有这个企图心。当人的自我开始觉醒，一个显著标志就是想变得厉害，让人印象深刻。青春期为什么会逆反？那就是向家长、老师这些“权威”表示：我比你们还厉害。你刻意在学校不读书，回家偷偷努力，也是在打造一个厉害的人设：我随随便便就能赢你们！你因为成绩下滑，能不能上高中都成了疑问，这招失去效果，没人觉得你厉害了，是你心里痛苦的主要原因。

你其实很厉害了，初一和父母决裂，初二和老师顶嘴。你很聪明地意识到，在父母与孩子的关系中，在老师与学生的关系中，你作为孩子与学生，表面上处于下位，但只要你不管不顾，父母和老师反而得退让。因为他们爱你，有责任感，担心你走极端，无论你如何逆反，如何“蹂躏”他们，他们也只能忍受。让他们都怕你，是不是一种厉害？当然是。但是用这种厉害取胜是胜之不武。专门挑家人与师长下手，谁爱你你惹谁，你知道他们不会下重手，最后总是会让你的。你看，逆反的少年就不敢去惹社会上的流氓，因为那样真的会被打死。

让爱自己的人担心、害怕是最容易的事，你耍赖、你捣乱、你出尔反尔、你故意伤害自己，都可以立马见效。只是这种厉害太低级了，走到巅峰不过是成为流氓，等着被警察抓。我们应该追求高级一点的厉害，让父母爱你、老师爱你、同学爱你就是高级的厉害。这种爱体现为以你为荣，尊重你，愿意亲近你，你让人们想到你、见到你就有微笑。这种人人都爱的厉害是所谓的“仁者无敌”，仁是什么？是爱人，爱人的人就是仁者，它的起步也不难。看到这封回信后，替我向你妈妈问个好，你们的关系就能修补；爱人就是这么简单，一句主动的问候就行了。从今天开始，你遵守课堂纪律，尊重老师，认真完成作业，十天半个月后，老师就会对你刮目相看；爱人就是这么简单，敬畏规则、珍惜他人的付出就行了。这并非不酷，主动爱人，主动修补关系，甚至主动向正确服软，去引导和创造爱，这才是真正的酷。

祝开心。

连岳

想减肥又管不住嘴，被体重困扰的小学生

连岳叔叔：

您好！

我先自我介绍一下吧！我是五年级的小学生，我是女生，很胖。才上五年级我的体重就超出了我的想象（我不太想公开我的体重）！

我一直想减肥，可就是管不住嘴。疫情刚开始的时候，在家里上网课，有时候课开始了我还没起床，就在床上上网课了。在床上边吃边听我觉得非常舒服，但是虽然舒服，我的体重却开始快速上升。具体的我也记不太清楚了，反正现在我连喝水，肚子都会大一圈。由于我妈做的饭太好吃了，我总是吃到撑了，还想吃，于是体重再次快速上升。我也很苦恼啊，每次我们学校体检的时候都显示我肥胖，搞得我都没脸见人了。

我的奶奶也很胖，我看她每天晚上都揉肚子就问她为什么，

她说这样子可以让肚子小下去。我也不是没尝试过减肥，我在我们家电视上练过Keep，可是就算我几乎每天坚持也没瘦下来啊！差点没把我气昏过去！！！

我的肚子也很大，我每次穿完衣服都会照一下镜子看显不显肚子。有时我妈让我下去给她买个酱油啥的，我也懒得换衣服，穿着睡衣就下去了。但是下去的时候可不一般，走路都得吸个肚子。

我的朋友几乎都很胖，她们不怕显肚子就把肚子天天挺在外面，也不觉得丢人。我的家人除了我妈和我弟，其他人都很胖（包括爷爷、奶奶、哥哥、妹妹……），可能这就是遗传吧。我奶奶说等我长大了，长个儿时一抽条就瘦了。可是我不相信，如果我长不高呢？

哦，对了！老家附近有一个游乐场，那天我跟我弟吃完饭，奶奶就带着我们去玩了。我一进去就开始玩蹦蹦床，有一个小女孩挺瘦的，她就跟我说："大婶，你这挺胖呀！"我懒得搭理她，就去了另外一个蹦床上。后来的几天我一直在脑子里面骂她，当时我为什么不说："大爷，麻烦您让一让！！！"

连叔，我写信就是想问一下您能不能帮我？我好苦恼。

爱爬山的甜甜

* * *

爱爬山的甜甜：

你走出了解决肥胖问题的关键一步，那就是为肥胖苦恼。像你奶奶一样不苦恼，那就只能一辈子肥胖了。

爷爷奶奶辈的许多人，多少都有点饥饿记忆，总是希望孙子孙女长得胖一点，再加上小孩胖起来粉嘟嘟的，也显得很可爱。你向胖奶奶请教肥胖问题，那一定得不到正确的指引，只能得到揉揉肚皮等着长大这一类没用的秘诀。在家里，你应该问妈妈是怎么保持健康体形的，她想保密和撒谎都不成。一个瘦的人，自有一套生活体系，你仔细观察她每天怎么吃的，运动量有多少，就能学到方法。

其实减肥，变瘦，没有秘密，不外乎吃得健康，运动足够，不让热量过多地变成脂肪。这么简单的事却很难做，以至于肥胖问题成为中国的大问题。2020年12月23日，国务院新闻办发布《中国居民营养与慢性病状况报告（2020）》，其数据显示“有超过一半的成年居民超重或肥胖，6—17岁、6岁以下儿童青少年超重肥胖率分别达到19%和10.4%”。也就是说，那个在蹦床上挖苦你胖的瘦女孩，成年后也可能变成一个胖子。我的意思不是你到时可以报仇，而是说肥胖已经是社会大挑战，肥胖会带来血脂异常、

Ⅱ型糖尿病、高血压等，而这一系列健康问题都是心血管疾病的危险因素。

人的基因促使人本能地储存热量，进食又让人快乐，再加上富足时代无穷尽的食品供给，这三个因素一起作用，人很难管住嘴，肥胖问题几乎无解。不想肥胖，只能靠反基因设置的反人性行为，在想吃的时候不吃，在不想动的时候运动，当热量摄入与消耗达到健康的平衡点时，则人会健康，不肥胖，也不会过瘦，刚刚好。而且这反人性的行为，还无法一劳永逸，得时时保持，一放纵猛吃，短则一周，多则一月，就又会变成胖子，人实在是一架效率极高的热量储存器。所以对一个成年人来说，健康的体形就是他最好的素质广告。你在小学五年级就考虑健康的体形问题，我相信你能长成一个体形健康的成年人。人的自律一启动，解决肥胖问题倒也不难了。让妈妈协助你，制定一个营养食谱，其他东西就不吃了，尤其是高糖高脂的零食，再加上保持足够的运动量和睡眠，你很快就能得到健康的体形。

祝开心。

连岳

一个孩子确定父母不爱自己，人生怎么办？

亲爱的连叔：

您好！

您愿意听一个普通且敏感的女孩的故事吗？现在的我处于青春迷茫期，实在有很多困惑令我感到痛苦。

我是一个初一的普通女生，正处于青春无限的年纪，但我却觉得很抑郁。

我的父亲没什么文化，爱酗酒抽烟，因此母亲跟他吵了很多次架。我只觉得很无奈也很痛苦，我是家里最大的孩子，还有弟弟和妹妹，所以很多重任都落在了我身上。

因此我很敏感，也有些自卑，害怕遭到冷眼。

父母总吵架，我也几次目睹了母亲离家出走时的背影。我也曾哭着喊着不要她走，死死拽着她的衣服，但她还是走了，没有一丝留恋。

在我二年级的时候，母亲生气回娘家了，而父亲又联系不上，还好我报了托管，所以一日三餐还有着落。记得那一天，我实在忍受不了每次回家总是一个人孤单地守着空房子，我跟我的托管老师哭着说："我的爸爸妈妈已经一个星期没有回来了，我该怎么办？他们是不是不要我了？"我的托管老师给我父亲打了十几次电话，最后终于打通了，我在旁边偷听，却听到了一个残酷的事实——我的托管老师说："你再怎么也不能不要她了啊，她是你的孩子啊，你做家长的要负责任啊！"——原来我的父亲不要我了。那时我的成绩很好，即便考试那天母亲离家出走了，我也考了双科满分。我不理解他们为什么不要我，我也很乖啊，也不会惹事。后来托管老师劝了很久，我的父亲似乎被劝服了，要托管老师把我带过去。托管老师挂了电话，我看见她双眼通红，有同情也有悲伤愤怒。那天晚上，托管老师把我带到江边，我终于看见了我的父亲——他正在与他的那些亲友喝酒。那一瞬间我心痛得说不出话来。这件事使我变得敏感不安——原来即便是你再亲的父母，也是会抛下你的。

小学的时候，我的父母喜欢拿我和我闺蜜做比较。我的闺蜜在他们的眼里什么都好，他们总是骂我废，说我不如她，这导致我性格胆小懦弱，总是害怕别人看不起我。

上了初中，我以为我摆脱了束缚，没想到却进入了一个更深的牢笼。

我被派位到了一个完全陌生的初中，离我家也很远。陌生的环境，陌生的人，陌生的集体使我不得不用坚硬的外壳保护自己。刚开学的那段时间，我有些强势，很多人对我印象不好。我的普通话不标准，也总是不自信。我说话总是吞吞吐吐，发音不标准，总是不敢发言。

在小学成绩优异的我，在初中是个毫不起眼的家伙。饭桌上，父母总是讨论我学习的问题。他们总是会谈到其他比我好的同学，然后指责我，说我差，说我没有别人好。小学的时候，他们很少管我学习，所以我的成绩是靠我自己挣来的，他们看不懂我学的东西，他们什么都不懂，却仗着父母的身份训斥我。我很疲惫，我总觉得我没办法让父母开心骄傲，他们看不到我的付出。小时候学习是为了不让父母失望，现在却很迷茫。父母的期待，老师的期望，还有害怕遭到同学们的质疑，让我觉得我好像要溺水了，喘不过气来。

我在交际方面也不如意。初中唯一交到的朋友不到一个学期就绝交了。她占有欲比较强，那天跑完步，我就跟她关系不太好的同学嬉闹了一会，她就与我绝交了。班上的同学都是结伴的，我插不进去。没有关系好的朋友，一个人吃饭，一个人学习，没有人跟我合作，我感到很孤独。

我只是想被人温柔善待而已，为什么那么难呢？我怕被人抛弃，父母的忽视让我十分焦虑，毫无安全感，我一度怀疑自己是否还存在。所以我开始自残了。

我知道自残是一种极端行为，可我没有其他的办法了，我必须要挽救一些东西。我极度渴望他们能发现我的问题，可又不愿意跟他们直接说。于是，我经常将带着伤疤的手放在他们眼前，可他们还是没发现，或者说是不在意。我变得更加疯狂，拿衣架打自己，我不知道我怎么了，我已经不知道该怎么办了。

我觉得人生没有什么可期待的，也不知道怎样活下去。可我的父母不懂我，总是说我无病呻吟，庸人自扰。我丧失了信心，被亲情和友情抛弃，迷茫地站在人群中，活在焦虑中。我会奔赴我心仪的未来吗？我会遇到对的人吗？我会变得更好吗？我……有一天会放弃生命吗？

我始终对自己不满意，虽然被评为了三好学生，是学习委员，考了班上第六名，不算很差，可我每天依旧活在自我怀疑中。也许有的人会说我无病呻吟，但是成绩上的不如意，家庭上的感情危机，交际方面的孤独，都成为我抑郁的导火索。我该振作吗？

我试过，但没几天就泄气了。我找不到生活的意义，没有什么梦想，也找不到活下去的理由。我很迷茫，每天起早贪黑却碌碌无为，如行尸走肉。大家都说世界上有很多美好的东西，可我似乎被蒙蔽了双眼，眼前一片灰暗，磕磕绊绊，迷失了方向。

我该怎么办？我是否还存在？我活下去的意义是什么？谁又能来告诉我？

一道失意的月亮

* * *

一道失意的月亮：

你是三好学生，学习委员，班上的第六名，你初中生涯的开始是成功的，这也说明老师与同学认可你。多数孩子有这个成绩，会很开心的。你却不开心，处于自我怀疑当中，这确实是“被蒙蔽了双眼”，你的双眼只看得到父母，其他的一切好事——自己的进步，老师的赞扬，世上存在的温柔，你都视而不见。这不怪你，这是你的挑战。这个挑战任务，以不同的面目，不同的方式，出现在每一个人的人生中，只有完成了，人生的意义才会呈现出来。

这个挑战任务就是人必须认识到人生的意义与价值来自自己，君子求诸己，否则，就是小人求诸人。君子即为实现了人生意义的人。不管是什么样的路径，爱也罢，恨也罢，富也罢，穷也罢，冷漠也罢，温柔也罢，都必须靠自己走下来。当然，生在一个无爱的、冷漠的、仇恨的环境里，比较难完成这个挑战任务，他可能也会变成一个无爱的、冷漠的、仇恨的人，但完成了这个任务，他获得的力量、爱与温柔却是加倍的，风险大，收益也大。那些被交付了更难任务的孩子，比如你，往往可能要承担更大的使命。

这个更大的使命当然包含成为伟大的老师、科学家、企业家、政治家，但内容不仅仅如此。你上了初一，老师可能也会讲到颜回，他是孔子的三好学生，永远的第一名，两千多年来，一直受真正的士大夫景仰，将来也还会继续受到景仰。他完成的使命够大吧？他做了什么丰功伟绩吗？似乎没有。他是以普通人，以穷人，以不幸者的身份出现的，吃得很差，住得很差，连枕头都没有，还不幸早死。但“回也不改其乐”，他的成就是得到了真正的快乐，这快乐来自他做到了“不迁怒，不二过”。“不迁怒”就是不把自己的怒（指代一切负面情绪，比如忧愁、悲伤、恐惧、痛苦、怨恨、绝望）转嫁给他人；“不二过”就是过错只犯一次，不在同一个地方跌倒两次。这样的颜回，无论世界如何待他，他都温柔待人，他是温柔的生产者，“求诸己”的人都是生产者。这很难做到，多数人总是控制力不足，智慧不够，会迁怒，会二过、三过、百过，正因为如此，颜回才显得了不起。

你的人生使命也是当颜回，愤怒的孩子都有当颜回的使命。有极小部分的父母是不那么爱，甚至不爱孩子的。你在小的时候知道这个残酷真相，不愤怒是不可能的，不迁怒也是不可能的，你的自残就是迁怒，你无法折磨不爱你的父母，但却折磨了一切有同情心的人，比如你的弟弟妹妹，你的老师，我，还有今天这篇文章的读者。你不停地向不爱你的人索爱，就是二过、多过。

我们都在温柔待你，像当年那个哭红眼的托管老师。我相信，你今天收到的温柔相当于有人一生收到的温柔，但你要看到才有用，你要记住才有用，你要真正接受才有用，把它们放在心里，你就开始成为温柔的生产者了，你看到的同学、老师与世界，都会为之一变。放下对父母的愤怒，做到不迁怒，终究只能靠你自己，这个任务艰巨，成人也害怕，但亲爱的小孩，你的文章写得比很多成人好，你能完成这任务的。

祝开心。

连岳

被偷的小学生

连叔：

您好！我是一名四年级的小学生，我有一个困惑，请您帮我解答。

事情是这样的：我的一个同学有六支漂亮的、精致的彩色墨囊，他送给了我，我把它们像宝贝一样珍藏着。

这周二，我执勤回来发现我的书包被人打开过，我查看了一下，文具盒里的钢笔不见了，坐公交车的钱也不见了，那六支彩色墨囊也不见了，我难过不已。

吃午饭时，我发现×××同学拿着我的彩色墨囊。经过询问才知道，原来是当初送我墨囊的同学和他偷的。于是，我向送我墨囊的同学要我的东西，他赔偿了我六元钱。

本以为事情就这么结束了。这周三我做完操回来，又发现我的书包被打开过。一看，我买文具的二十六元钱不见了，肯定又是他偷的。没想到他学习不好，脸皮还很厚！我真想告诉老师，可是，我又没有证据，只好把话咽回去。

我问过我的朋友，他说："我也经常丢东西，我问过别人了，他们也是。好像是 ××× 同学和 ××× 同学偷的。我听说他俩经常趁我们做操，留在教室里偷东西。"

星期四，我看见 ××× 同学在翻我书包，一问才知道，是给我墨囊的同学指使他干的，还说事成之后给他一元。他走后我看了一下书包，少了三元，我立刻去找送我墨囊的同学，他赔了我三元。

星期五，上语文课时有人反映了 ××× 同学偷东西的事，马上又有很多人反映，可是，当时语文老师忙着上课，也没管什么。

一周结束了，我不知道星期一怎么办，不知道下一步怎么办，求回复。

谢谢！

一名迷茫的四年级学生

* * *

一名迷茫的四年级学生：

你把钱随身携带，不要放在书包里。暂时也把漂亮的文具放在家里，只带普通的文具上学。这样你的书包就没有了"作案"价值，否则的话，每次翻你的书包，都有收获，"小偷"就会得到鼓励，天天来偷。人有保护好自己财产的责任，太容易让人偷，明知有风险而不提高警惕，叫作“诲盗”——引诱别人犯罪。我还建议你在文具盒里留一张纸条，写上：“同学，你又来偷翻我的书包，你当小偷，你爸妈会很伤心的。”这一是表示你已有防备，二也是在帮同学改正错误。

小学生的是非观还很模糊，集天使与魔鬼于一身，所以同学既能送你墨囊，又能把它偷回去。某种程度上他们还把偷视为游戏，被发现了也不当一回事。这也是语文课上老师没有当场表态的原因之一，因为小偷、惯偷的指控是比较严重的，老师的评价又有权威，贸然说了不合适的话，可能未必有利于孩子改正，反而把他真的推上了小偷之路。我相信负责任的老师一定已在悄悄观察与调查，他将会以最恰当的方式平息这个风波，让所有孩子都得到成长。为了帮助老师工作，你失窃后要把情况第一时间向老师汇报（包括告诉父母），但你并不必去破案。有些案子，老师可能也破不了，但他听到失窃的事情，甚至不止一件，他就会做相应的思想工作，把是与非说清楚，偷东西的同学可能就会从此收手，健康成长了。

我非常喜欢你的一点是，你在非常生气，基本锁定了嫌疑人的情况下，还能做到“我又没有证据，只好把话咽回去”，这是非常稀缺的品质。别说小学生了，很多成年人都没有。大多数人被情绪控制时，都会轻信别人的话，从来不问有没有证据，所以社交媒体上，谣言满天飞，“义愤填膺”吵成一锅粥后，发现根本没那么一回事。更有甚者，因为自己的失意、无能，要发泄自己的嫉妒、仇恨，就放纵人性的阴暗面，偏说一些没有证据的话，以为可以伤害他人，其实不过是在毁灭自己。所以，有一分证据说一分话，诚实面对自己和他人，会让你的心理非常健康，让你的人生规避掉绝大多数的风险。你发现自己有这优点，也算是失窃事件的意外收获吧。

祝开心。

连岳

被偷的小学生2

连老师：

您好！

看了11月23日的文章《被偷的小学生》，我十分惭愧。我就是偷东西小学生的妈妈。

先介绍一下我的家庭情况：

从我的视角看，我们家是一个相对幸福的家庭：我和老公是大学同学，毕业后同到昆山工作。老公辛勤上进，顾家，无不良嗜好。家有两宝，老大儿子，十岁，四年级，老二女儿，两岁。公婆跟我们同住，通情达理，照顾两宝极为细心周到。同一屋檐下十余年，我们从未发生矛盾或口角。经过十多年的积累，我们在本地拥有三套房产，本无房贷，年初因置换学区房，现在背负每月一万两千多的房贷，突然之间有了压力。老公的公司迁往嘉兴，因为公司的待遇还可以，所以他也不想随意更换工作，只能两地往返，每周回来一到两次，大概有四个晚上在家里；我的工作不忙，但公司有一种加班文化，导致每天都得加班一到两个小时，公司大环境如此，很难改变。

老大的学习习惯：不拖拉，但不认真，没有主动学习意识，作业常草草地早早地交差了事。成绩不错，班级前五。我觉得他能把知识点基本都掌握了，就管他少一点，会让他多看点课外书，学习一些课堂上没有的东西。因为不想让他丧失对学习的兴趣，所以我认为不需要每天检查作业，偶尔抽查就行。但我老公就觉得，一定要从严，一定要刷题。育儿观念上的差异，使老公虽在外地，但作业基本上也是由他来辅导，我来协助。这一点也让我老公认为我对小孩教育不上心，我们还因此发生过矛盾。

从去年开始，老大的学习习惯更差了，字迹潦草让人看了就要冒火。在其他方面，他经常欺负同学；为了好玩，跟踪老师；考试作弊——替其他同学考试，经常被投诉。每次事发，老公直接用皮带抽，而我是苦口婆心地讲道理。自己当时感觉有效，但最近发生的事情让我觉得当时的苦口婆心只是感动了自己。

上周四我被老师喊到学校：他经常和班里面的一个问题小孩玩，最近一个月多次到老师办公室拿东西，主要是拿老师平时奖励给表现优异同学的糖果，拿回来后分给同学（很多次，受影响的老师约十位，分布在三个办公室）。还拿了同学们最害怕的科目——“科学”的测试试卷，自己找答案做，然后把试卷和答案分享给同学，导致老师不得不更换试卷。因为周边的同学也都是“受益者”，所以无人举报。后来老师在他座位的抽斗里老是发现糖纸，事情才暴露出来。

上周五我又被老师喊到学校，这次是因为他和问题小孩在小树林里面玩打火机。

今天我又接到老师电话：他翻了每个同学的书包。班主任直接说：如果孩子乖巧，可以讲道理，但是你们家的不是乖巧的孩子，光讲道理没有用的。

在家里也是，他对爷爷奶奶态度不好，欺负妹妹。爷爷啰唆，老是指责他这不好那不好，奶奶也会揪着他的缺点和错事不放，一遍两遍三遍地讲，我一回到家，就催我检查他的作业。我也很烦两位老人只看学习，抓住孩子的缺点不放，啰啰唆唆。但碍于两位老人的出发点是好的，照顾家里也挺辛苦的，就没提过让他们注意界限，不要插手小孩教育的问题。我说的最重的话，也只是：爸爸（妈妈），这个问题不要再讲了。

我很伤心，在老师办公室里忍不住哭了，我可以忍受他成绩差，但我不能忍受他的品德有问题。我也很想了解他这么做的原因。但就像老师反馈的，他会察言观色，你问他，他不回答，过一会你的注意力就转移走了，转移到愤怒上，反而更得不到答案了。

刚才我又和我老公发生了争执，他要打，狠狠地打，我说你打会把他推到对我们不信任的一面，我们更不会得到真正的原因，就更无法对症下药，帮他改善了。

我回到家，想再好好地和他沟通，但我也不知道究竟有没有用。我想在他身上多投入些精力，但我看到他“无赖”的样子就烦躁。我想带他去看看心理医生，或者我们全家一起去，请专业人士分析一下，有没有这个必要？

盼求回复！

偷东西小孩的妈妈

* * *

“偷”东西小孩的妈妈：

我不觉得你的孩子品德有问题，就像他偷老师的糖果分给同学，并不是为了占有某物而偷，他是在享受“你们都不敢做而我敢”的乐趣，是获取关注、羡慕、崇拜的一种手段。做好事与做坏事，都会成为焦点，孩子还不知道好事与坏事的区别，为了成为焦点，往往还会选择做坏事，因为比起把事情做好，做坏事更容易。他就是一个人们常说的调皮捣蛋、胆大心细（只是相对于同龄人）

的孩子，每一代都有这类孩子，他们身上能量很足，引导得当，那股不怕权威、想到就做的劲头，将来用在正事上，将很值得期待。

你不必惭愧，有这样的孩子，家长注定更辛苦，还要被人责怪与“嫌弃”。有些没有耐心的家长于是放弃孩子，听之任之。家长都放弃了，学校与老师更帮不上忙了，那孩子走上歪路的可能性就会变大。所以，你当然要和孩子沟通，不过，不要指望一次沟通就能起大作用，这戏剧性不符合教育规律，教育规律是一次沟通只能起小作用，可能一两天，三五天之后，就需要进行下一次沟通。所以教育是浸润、肤受，是流水一样的塑造，是空气一样的包裹，要有像流水与空气一样多的沟通，才能从量变走到质变。教育孩子当然要穷尽一切手段找原因，而且还没有灵丹妙药，无法吃一片药，打一针，死抱前人经验，就能从此万事大吉。从这个角度看，这个容易出状况的孩子反而需要你天天检查，不仅要检查作业，还要检查他的精气神，从蛛丝马迹中发现不好的苗头，这样沟通才会更有针对性，效果更好。

你们的家庭，从爷爷奶奶到爸爸妈妈，都在负责任地教育孩子，那么，孩子极大概率是会成材的。没有什么万能教育法，不要教条主义，我倒认为，对这个孩子，你们家这种“鸡尾酒”式的教育法不错，爷爷奶奶慈祥地唠叨，父亲严厉，唱白脸，母亲宽厚，唱红脸，单独使用，效果有限，综合使用，效果更佳。大家都是队友，分工不同，不要急着否定他们的教育方法，要多借势，接好球，把你的部分做好，只要你做好了，多进球，你的方法自然能够胜出。

祝开心。

连岳

当孩子人生中的贵人

尊敬的连岳老师：

您好！最近工作遇了难题，特向您求助！

我已参教二十四年了，遗憾的是只在七八年前担任过两年班主任，现在的学生跟以前已大不一样了，所以我班级管理经验几乎为零。

我现在又当班主任了，在村小带三年级，同时还教语文与道法。我班有个小邱同学，非常调皮胆大，从原来的学校转走时，那里的老师高兴极了，恨不得放挂大鞭以示庆贺。所有捣蛋鬼的特性他都具有，他一人能把整个班搅乱。开家长会时，大家都围着他妈，控诉他的种种罪行，他妈妈脸色很难看，就反复说："我有啥办法，我打也打了，骂也骂了，管不了……"最后趁人不注意，提前溜走了。从其他家长那里，我了解了他的家庭情况。他父亲在工地上摔成了半身不遂，坐轮椅有一年半了，妈妈五十二岁了，在家照顾瘫痪的爸爸。哥哥在武汉上大二，一家人靠赔偿金过日子。小邱同学经常惹事，比如：放超市门前的自行车的气，拿石头砸邻居小孩，穿他妈妈的文胸在院里跑来跑去，偷妈妈五百元钱买一大堆零食和玩具……每次邻居来告状，结局都是一顿毒打。他爸有时候用被子包住他，不让他妈狠揍他。

数学老师让他站在讲台边，他趁老师板书时，把裤子脱了，露出屁股，惹得全班哄堂大笑。现在班上几个女生一说起这事，还会脸红。

这个孩子如此调皮，大家可能会认为他的成绩很差。恰恰相反，他的成绩出奇得好，数学老师只讲一遍例题，他就听懂了。数学测试每次都是90分以上。我的语文课上，分析课文时他听得很认真，也会记笔记，一到读书的时候他就自动开启了玩耍模式。他太会听讲了，教了二十四年的书，头一回见到听讲玩耍切换自如的学生，作为老师，我甚至是有点佩服他。我觉得他缺少关爱，被批评得太多了。于是我给他封了个"纪律委员"，并带着他上楼看五、六年级的班干部是怎样管理班级的，让他向人家学习。发现他的优点时我也会立即表扬他。他现在变化也挺大的，原来劳动躲在厕所里，得让男生去喊，现在一说劳动就拿着拖把去拖地，一节课表扬他两三次也能坚持到下课。如果一直这样发展下去，也是皆大欢喜。问题是，他现在有了点“权力”，常拿着小棍以整顿纪律为名乱打人，放学了还会找同学们要一元钱，并且威胁对方不许告诉老师，公开在路边、树洞里撒尿……别的老师都说不该放权，他这样的孩子表扬不得，这孩子将来是坐牢的相。

连岳老师，我手忙脚乱，如同溺水的人，黔驴技穷，仍然没有太大起色，请求连岳老师指点，不胜感激！

一位老师

* * *

一位老师：

小邱是一个苦孩子，受了苦，也给别人制造了很多苦，他的未来，苦的可能性也更大。其他老师的感叹并非只是单纯的意气用事，一不小心，他以后是会坐牢的。

聪明而不守规矩的孩子，未成年前是无敌的。他看透了父母、师长、社会的底牌，对付他制造的混乱、麻烦与伤害，批评而已，最严厉不过是一顿打，只要扛得住批与打，真是自由自在。这种行为模式不停地强化，一过了成年生日，世界瞬间严厉起来，警察、法庭、监狱马上起作用，学不会规矩行事的人，往往只能等着法律无情的硬约束。

想这类孩子健康成长，需要贵人唤醒他们的恻隐之心、羞恶之心、辞让之心、是非之心，心里有了这些温柔与仁义，就能走上正道，再也不会懵懂而残忍，以折磨爱自己的人为乐趣。

贵人角色一般由父母担任。缘分这么好，变成一家人，父母自然应该是孩子的贵人。小邱同学的父母也是他的贵人，他们以羞愧、悲伤、不幸与绝望向小邱同学求饶，渴望他的怜悯。他们是最可怜、最无力的一类父母，孩子听不到他们的任何声音，包括哭声。这些孩子需要更多的、更大的贵人，这就是小邱同学遇见你的原因，你是他的贵人，你已经改变了他很多。

很多老师尝试之后，选择放弃小邱同学这类学生，我认为，谁也没资格苛责他们。我理解他们，一是老师的时间精力有限，要对几十个上百个学生负责，若将精力全给了小邱同学，忽视了其他学生，那就会变成更大的不公平，更多孩子会产生困惑与痛苦。所以，你在教育挽救小邱同学时，一定也要保持平衡，对其他学生给予足够的指引、鼓励与关心，不然他们将得出错误结论：当个好学生，老师看不到，还是坏一点好。

第二个原因更重要，他们认为任务太艰巨，最终会白忙一场，小邱同学照样会走入歧途。是吗？遗憾地说，是，这是艰巨的任务，艰巨到不少父母先放弃了。你即使解决了小邱同学一个又一个问题，让他成为一个靠表现与成绩赢得威信的班干部，在你任教的几年内逐渐像个好学生，但他一离开你，在以后的人生里，遇上挑战、诱惑、磨难，是否会本性难移，故态复萌？有可能，比你的其他好学生更可能。到时候你会很伤感，觉得自己似乎做了无用功，感觉被背叛，很多老师承受不了这一点。但是，小邱同学可能经过你手就彻底改变了，可能他还会遇上下一个贵人，一直到彻底把他送上正道。教育就是接力跑，我们要跑好自己这一棒，但也不要有太强的拯救情结，那会摧垮自己的精神。

孔夫子有“知其不可而为之”的名言。听起来悲凉，却是当老师、当父母、当贵人的最好心态。去做一件对的事，要像去拉一个快要掉进井里的小孩那样，不想结果，尽力伸手。当贵人，主要是因为我们有恻隐之心，有远大目光，可不可为，有没结果，不是主要原因。正因为这样，孔夫子才一生做似乎“没有用”的事，最后却写下了中华文明的高贵基因。

祝开心。

连岳

4

交朋友的学问

交朋友是一生的学问，其中的尺度、技巧与分寸，可能要花一生去摸索。

如何交朋友?

连叔：

您好，我关注您是因为我妈妈，她是您的忠实读者。我是一名六年级的快乐学生，最近几天有件事情把我的快乐之心打入了海底，令我郁郁寡欢。

我有一个好朋友，用大人的话说就是他身上有种社会人的气息，满嘴都是网络用语，可能是因为这点吸引了我，所以我和他成了朋友。虽然妈妈觉得他和我习性太不一样，但是觉得我应该和不同类型的人去相处，所以他到我们家玩，妈妈一直都是热情招待。每天上学也会给他带一份奶一份水果。直到有一天妈妈忘准备了，他勃然大怒，我气愤地表示我带是情分，不带是本分。他居然一脸嫌弃地说“滚滚滚”，然后扬长而去。

这件事伤透了我的心，几天后他厚着脸皮找我要吃的，我要求他先道歉，结果他又发怒了，又开始说“滚滚滚”。

本以为我们就这样互不打扰也挺好的，结果他得寸进尺，在班上公开诋毁我，各种胡说八道，一切反倒都成了我的错。我想与他理论，但是我真的说不过他，而且我觉得因为这样的事情去理论太无聊了。原本我一直想，反正我们一个月后就毕业了，不必去理会他，但是每天看见他又让我很生气，我也知道如果他知道我生气他会很高兴，但是我就是很生气。

连叔，我该怎么办？盼望连叔能指点我摆脱他。

忧伤的小鱼

* * *

忧伤的小鱼：

交朋友是一生的学问，其中的尺度、技巧与分寸，可能要花一生去摸索。但最核心的价值，就是你在这次事件中体现出来的两点，一是待人真诚，二是当对方触犯底线时，你不是一味退让讨好，而是清晰表达自己的立场。看得出来，你的家教好，你不会缺朋友的。

不要怀疑你自己的真诚，它是交朋友、做事情的关键所在。真诚是不是一定换来真诚？不是，有一大半概率换不来真诚，就像你这次一样倒霉。付出的心与物，被人利用，被人轻视，最初遇到这种情况时肯定是不开心的，但如果连叔现在碰到与你一样的情况，却是开心的。为什么？因为我把这种付出当成识人的成本，坏人坑你一次，你看破他，把他踢出你的世界，他以后就害不了你，损失是一次性的。损失七八次，十来次，你总能结交到一个值得尊重的人，他将使你的一生受益，你说值不值？这里说的获益，不是指获得一点吃喝，占点便宜，这反而是忌讳。值得尊重的人，整个人都是优秀的，他的责任感、生活方式、观点、方法，你都能借鉴，都有益于你的进化。一个值得尊重的人，身上有一个值得尊重的生态，这是巨大的价值。

所以，不要怕坏人，坏人会用另类的方式震撼教育我们。现在，我很同情他们，他们是用浪费、败坏自己一生的方式提醒我们不要犯同样的错误。我们要怕的是，离不开坏人。有的坏人很有迷惑性，损害着你，又让你看不透他，再加上自己性格软弱，摇摆不定，往往就会被坏人控制。不少成年人也因这类损友苦不堪言，难以自救，惨的人甚至赔上自己的人生。坏人坏得彻底一点，让人生气，那反而没有迷惑性了，是件好事。

吃一堑，长一智，通过这次你获得的交友技能是，不被外表的酷欺骗。长得漂亮帅气，能说会道，甚至热情洋溢，被这些表象吸引后，还要观察一段时间，看他是不是真的酷。真酷的学生，一要能做到认真学习（他们成为大人后就会认真生活），这是有责任的体现；二要不占别人的便宜，这是有自尊的体现，他不会见利忘义；三要不说老师、家长与同学的坏话与谣言，这说明他公正。观察半个、一个学期，证实有些同学确实值得尊重，再进一步交换真心与礼物，并分享妈妈的爱。

祝开心。

连岳

好学生如何搞好同学关系？

连叔：

您好，我是一名准高三的学生。

在老师、同学看来，我是一个品学兼优、安静乖巧的学生，但我并不喜欢他们这样评价我。也许是我过于乖巧，我总是无法融进同龄人的群体，甚至当同学得知我也玩一款热门的电子游戏时，他们会说："没想到你也会打游戏啊！"

一直以来，我比较内向，很多人还是很想跟我交朋友的，我也很想跟别人交朋友，但是我总发现自己很难融入他们。我看起来有些清高，甚至常常拒绝他们的好意，因为我有些看不惯他们的一些行为，比如上课起哄、迟到等等，而他们觉得我太懂事听话了。我的懂事给我带来了困扰，让我很难融入这个群体。

我试着去改变自己，我很少玩游戏，现在也开始下载一些他们玩的游戏玩，即使我真心觉得这个游戏并不符合我的胃口。我本来不喜欢打篮球，但为了融入他们，我也强迫自己去练球。我感觉我在强迫自己做自己不喜欢的事情，但是如果我不做，就很难融入大集体。我的身边很少有很好的朋友，我不喜欢拉帮结派，因此我很少和同学走在一起，经常充当“独行侠”。但我也羡慕人气高的同学，他们在哪里都很耀眼。

我总是不喜欢现在的自己，甚至觉得我的乖乖牌成了我的累赘，我想去改变自己，让自己成为大家喜欢的样子。现在我的同学们还是很冲动，看待很多事情非常主观，有时候他们的一些想法我根本不赞同，但我不想被他们孤立，也会附和他们。

我总是想改变自己、强迫自己，我真的觉得好累！但我又讨厌现在的我。连岳老师，我读过您的文章后，觉得您给其他学生的意见都非常好，也希望您能够给我一些意见。谢谢！

伪装的面具

* * *

伪装的面具：

人模仿自己不擅长的，甚至不喜欢的生活方式，比如不爱打篮球的去打篮球，不玩游戏的去玩游戏，难度很大，你都还没混进去，高三就结束了，白忙一场，那还不如保持原样，你继续本色出演，当一个安静的好学生。

你的同学们并没有仇视你、孤立你、欺负你，他们只是对你这样的好学生有敬畏感，这种淡淡的关系是正常的，你没有问题，他们也没有问题。这种关系后面其实有一种特殊的期待，在你们这个年纪还意识不到，多年之后，你的人生大有作为，同学们听到之后会长出一口气想：这就是他应该做的，他没有辜负我们。这是中学生之间才有的同学之爱，不亲密，但延续一生。一个好学生要对得起这种爱，就是要做好自己擅长的事，不仅要在高三学习好，将来上大学、搞科研、搞事业都要做好。高三班上的好学生，在人生的终极大考中全军覆没的话，大家都会有淡淡的悲伤和遗憾。

不过必须注意的是，同学们并不是无条件地爱好学生，如果这个好学生自以为高人一等，仗着老师的喜欢狐假虎威，喜欢批评纠正其他同学，那么，等待他的一定是难熬的敌意。能量大的人，比如成绩好的学生，更聪明的人，更富裕的人，更有影响力的人，更有权力的人，他们居于人群的上位，最需要的品质是宽厚，能容人，不苛刻。否则的话，居上不宽，他们拥有的一切都会消失。宽厚不是去附和你明知错误的事情与观点，那是谄媚。宽厚是允许别人犯错误，允许别人笨一点，允许别人软弱。你不少高三的同学会有些奇奇怪怪的举动，甚至故意挑战纪律与老师，那是因为高考大限日日逼近让他们手足无措，内心焦虑。他们的苦，是好学生比较难体会的。知道这点，你就会接受他们，同情他们，当他们表达你不认同的观点，做出你不认同的行为时，听听看看就可，无须附和，也不必反对。

祝开心。

连岳

我的富豪朋友

连叔：

您好！

我是您的忠实读者，今年十六岁，关注您快一年了。我非常喜欢您的文章。

有件事情想要请教一下连叔，希望连叔能够给我一个回复，谢谢！

事情是这样的：上半年我们班转来了一个其他初中的同学，他的家庭条件非常好，可以说是吃喝拉撒都不用愁，他身上随便一双鞋、一件衣服、一条裤子都是好几百，甚至上千，所以，我非常羡慕他。我现在和他玩得还挺好的，有时候会交流交流学习上的问题。他有时也会请教我篮球上的问题。现在我们可以说是互相帮助，共同上进了。

但是由于我的家庭条件不是很好，可能并没有他那么的“大款”。他请我吃东西,或者去剪头发(剪一次好几百的那种),我都想请客请回来,不然会感觉不好意思,但我却无能为力,这时我就会有一种配不上他的感觉。也不是说他不好,只是怕他会觉得我家庭条件不好,会嫌弃我(只是怕)。

所以连叔,我现在既喜悦又苦恼,不知道该怎么样和他一起学习的时候好好学习,玩的时候放开了玩。所以,我诚挚地希望连叔能开导我,引领我!

一个苦恼的学生

* * *

一个苦恼的学生:

你家庭条件不好,回请不了他,他不会因为这些嫌弃你,他很清楚他正在花钱买友谊。正因为你回请不了,他的钱才花得值,你心里一直有欠他的感觉,就得一直和他玩,即使你心里不舒服。

你们两个现在都处于危险的关头。你这同学家里有钱,但其父母(或监护人)并没有对他做好金钱教育。这样发展下去,他唯一的本事只有挥霍,成年以后将一事无成,只会以炫富刷存在感,认为大家一定羡慕他,其实观众是在看马戏表演,围观地主的傻儿子闹笑话。而你呢,就成了他身边的帮闲,陪吃陪玩陪笑,为了占点便宜,卖掉自尊与人生。这两种成年人都很可怜,他们已坐上滑梯，飞速下降并很难停下来。

你们不同，你们年纪还小，只是站在了滑梯边上，一切都还来得及，你要做那个按停止键的人。

首先，不能对他无礼，小孩有了钱，总是倾向于挥霍，错不在他，在他的监护人。他在你身上花钱，并非刻意控制你，只是本能反应，还是善意的。

其次，停止接受超出你的零花钱回馈范围的“好处”。他花几百块请你剪头发，作为一个孩子，是很荒唐的，如果不幸遇上一位恶意的操控者，发型做完，让你去干坏事，你就无法拒绝了。在成人世界，这种恶意操控者就多了，先给点甜头钓鱼是最常见的手段。似乎可以“不劳而获”的好处摆在面前时，反而要生出恐惧心，后面可能就是大骗局、大陷阱、大灾难。人生不会毁于吃亏，倒是常常毁于占便宜。

你不再花他的钱（确切地说，是他监护人的钱），既保护了自己，也教育了他。他意识到钱买不到一切，为了得到你的友情，他必须展示金钱以外的实力、品格与爱。这样，你们都得到了不让金钱控制自己的能力，成长的风险就小了很多。

祝开心。

连岳

刚刚上学，没有朋友，我回家就痛哭

连岳叔叔：

您好！

我是一名刚上初一的学生。我是因为妈妈的建议而从有许多朋友的母校转到一个新学校的。

当时这么做，我也是跟妈妈商量好的，但是上了一天学之后，回到家我整个人就像瘫了一样倒在床上开始痛哭起来。妈妈闻声赶来，我哭哭啼啼地说："我不想上学了，新学校里根本没有认识的人，在之前的学校虽然没有和朋友分在一个班，但是吃饭和自由活动时还可以在一起。"妈妈说可以交新的朋友，可不管她怎么说我都不愿意。

妈妈是没有能力再帮我转学了，妈妈说，连叔最有办法了！希望连岳叔叔能告诉我，我该怎么办？急盼回信！！！

一个不知所措的学生

*　*　*

一个不知所措的学生：

如果你原来有很多朋友，你将来也会有很多朋友。人总要从有少量朋友，甚至没有朋友的新环境重新开始的。比如你小学一年级入学时，或许会说："我当时有幼儿园的朋友一起读小学。"那你刚入幼儿园时呢？周边都是陌生人吧？以后读大学，到新单位报到，都可能面临一个人也不认识的挑战。

交朋友的学问总是要掌握的，迟掌握不如早掌握。

现在讲素质教育，这是正确的方向。素质教育不是不要课本知识，而是掌握了课本知识还不够，还有许多无法通过考试、分数检测出来的才能与品质，需要有意识、有目的地去训练和掌握。

"如何交朋友"就是素质教育的重要组成部分。毛泽东主席有句名言，大意是：政治就是把自己的人搞得多多的，把敌人的人搞得少少的。你看，政治这么重要的事，最后的核心也是交朋友，朋友多了，自然就赢了。

中国人很早就知道交朋友的重要性。交友的最高段位是能在任何一个新环境里，都能达到"四海之内皆兄弟也"的境界。具体的做法分成以下几步：

一是接受新环境，不埋怨。个人不可控的因素不要尝试去控制它，这就是“死生有命，富贵在天”，命与天，就是不可控的因素，就是我们现在说的概率与偶然性。你读哪个学校，这有偶然因素，接受它。

二是做好自己。人总是想和优秀的人交朋友。小朋友到了一个新环境，为了显示自己不害怕、有力量，有时会假装成“坏人”，不守纪律、顶撞老师、作弄同学，这不仅可能会让人害怕，还会使你失去真正的朋友。做好自己很简单，守纪律，听从老师的教诲，善于发现同学的优点，即可。这就是古人说的“恭敬”。

三是不要着急。急了就会丧失原则去讨好别人，也会因一天没有交到朋友就回家痛哭。至少给人两个月时间去认识你，你也可以通过这两个月时间观察别人，只有在这种自然而然的、有分寸的接触中，才能发现真朋友。当然，真朋友也可能来得很快，你在一两个星期内交到朋友未必就不会发生。我的意思是，你两个月内没交到朋友，也不必着急，坚持做好自己就行。

既然交朋友是学问，是素质教育，那么，你被“扔”到一个没有朋友的学校读初一，就是好事，因为这逼着你去交朋友。身边到处都是小学的老朋友，没有交朋友的迫切性，你交朋友的本事更难长出来。太依赖老朋友给的安全感，那反而容易失去探索新世界的勇气，变得封闭，最终走向失败。学会交朋友的真本事后，所到之处，都有老朋友，未到之处，都有潜在的朋友，四海都是你家，这才是素质，才是强大。

祝开心。

连岳

想变得更重要？
要过两个心理关

亲爱的连叔：

我是一个五年级的小学生，我看了许多《少年问答》里的文章。每个学生都有不同的问题，当然我也有我自己的问题。

我在这次班干部竞选中当上了一名小队长，这无疑是我在整个班级之中最大的骄傲。我努力给同学做好一个小队长的榜样，比如：在上课的时候尽量专心听讲，在课间也不打闹，还经常提醒同学们做好作业、按时提交作业。我的努力也得到了老师的认可，开家长会的时候，班主任特意表扬了我，说我在学习和生活习惯上进步很大，英语老师也表扬我上课很积极，作业完成得很认真。爸爸妈妈也觉得我第一次担任班干部，做了好榜样，给了我很大的鼓励。

可是麻烦也随之而来。有一次我在升国旗的时候一不小心把少先队礼行成了军礼，同学们都嘲笑我。成绩好的说："×××

都不尊重国旗，还配当小队长吗？”成绩坏的也起哄说：“×××不尊重国旗啦！×××不尊重国旗啦！”这件事影响虽然不大，可我对我小队长的身份已经开始感到危机。还有一次，我在管同学的时候，有一个同学调皮地说：“×××就是个垃圾！×××就是个垃圾！”我当时便用力打了他一拳，这件事在班里引起了极大的热议，就连老师都把我的小队长牌子收起来说，要考察我一段时间。

下个月就要进行第二次班干部评分，全班同学都会参加评分。我不知道自己会不会分数很低，能不能重新回到小队长的岗位。

连岳叔叔，我该怎么办？

莫斯

* * *

莫斯：

无论能否重回小队长的岗位，我都觉得在这次经历中你收获很大。这次回不了，下次再回。而且很快就要读初中了，在一个全新的起点继续努力，只要吸取这次的教训，你下次就能避开同样的风险，而这些风险是一定会发生的，吃一次亏，以后就不会吃了。

你危机的真正来源不是把少先队礼行成军礼，这是失误，但并非不尊重国旗，行军礼怎么就是不尊重了？尊重得很。如果真对国旗做了不尊重的事，小队长当场就会被撤掉。你在同学的议论中开始自我怀疑，认同这是“不尊重国旗”，不自信了，就会在乎别人的议论，被别人的议论牵着鼻子走。这是第一个教训，作为一个领导者，一个比较重要的人，你一定会有失误，也一定会被人议论。这议论有善意的，也有恶意的，不要在议论中迷失自己，坚持做正确的事。更不要试图说服恶意的议论者，既然是恶意，就是不可说服的，他们会不停地无中生有，转换议题，他们的目的不是寻求真相，而是击垮你。你只需要镇定，变得更重要就是了。攻击并毁灭对手，本来就是人类先祖的竞争手段，是动物本能，恶意议论就是这种本能的现代体现，小朋友的教化还没完成，这种本能更不会少。

第二个教训是什么？是不要被激怒。《孙子兵法》里的一大计谋就是“怒而挠之”，撩拨到对方发怒失去理智，你的胜算就大了。那位嘲讽羞辱你的同学就是用了此计，也达到了目的。在以下对上中，“怒而挠之”是最常用的计谋，你同学不需要读《孙子兵法》也能熟练使用——我是一个普通学生，甚至是一个问题学生，我说脏话，我不守纪律，我欺负同学，没什么可失去的，你是小队长，你是老师表扬的先进学生，这些事情你都不能做，你回一句脏话都是输，没想到你还给了他一拳，输得更彻底。动怒是人进入战斗状态的标志，怒也是人的本能，所以制怒很难，是一生的课题，但总的来说，你所处的位置越重要，越不应发怒，你当了将军，那敌军怎么羞辱你，你都只能用理智应对。对方撩拨你，你却不能发怒，这是委屈吗？不是啊，这是你更重要、更聪明的体现。大英雄是不会理会小流氓的。

这次评分最坏的结果就是当不了小队长，如果你从此一蹶不振，自暴自弃，那就等于被议论控制了，被怒气控制了。你要表现出韧性，平静接受，继续用做榜样要求自己，用表现说话，用成绩说话，赢得老师更多的表扬。不被逆境击垮，能屈能伸，这也是领导者应有的素质，需要训练才能得到。若最坏的结果发生，把它当成一次训练即可，好好完成它。

祝开心。

连岳

只有四种人可以成为朋友

连岳叔叔：

您好！

我一直有一个问题想请教您，但每天被作业缠身没时间写信。我现居住于美国夏威夷，所读的学校是本地比较有名的女子私立学校。我本人很擅长社交，可往往交到的都是一些很烂的朋友。开学的时候我认识了一个日本的女生，她家属于中产阶级，还比较有钱吧。后面我跟她关系变得越来越好，因为我觉得和她相处起来很有趣，总是能从她身上学到一些道理。可是和她相处了大概一两个月，我突然发现了一些事情并很纠结，怀疑自己在这段友情里的付出真的值得吗？

一、她总是浪费食物，虽然学校给的量很多，可是也不能把食物给扔掉啊！但是她和我的观念不同，她觉得只要自己不喜欢吃或者不想吃的就可以扔掉，我觉得只要肚子还可以塞一塞就不要浪费。

二、我其实不知道她经历了什么。在某种程度上我感觉她很讨厌她的父母，虽然她的父母总是抽时间带她去这里玩那里玩，给她买她想要的东西，但在学校的时候她总说："我好想自杀啊，你能拿把刀杀了我吗？"就连老师都觉得她有一点点问题。

三、她很暴力，只要有一点点不如意就会打人，会用脚踢。有的时候我很无辜，就是笑了一下她她都要打我。

四、虽然我们关系还挺好的，但也只是我单方面觉得而已。她有没有把我当真朋友我也不知道。我尽量去接受她的缺点，多看一下她的优点，可是就有一点我不能接受。有一次团队合作，她问我要一起吗，我说行。结果后面她说："哎呀，我这一次想和我好闺蜜一起，下一次再一起吧！"结果到现在也没有和我合作一次。我有一种感觉，我觉得她把我当成了一个"备胎"，如果她闺蜜不在学校或者没空，她就和我走得很近，如果她闺蜜在学校，她就完完全全忘记了我的存在。

连岳叔叔，现在的我很苦恼，不知道她这种朋友还能交吗。可是没了她，在学校真的很难再找到一个相处起来很开心的朋友。很希望您能抽时间读一下这封信，给我一点意见。

祝连岳叔叔健健康康。

苦恼的初一生

* * *

苦恼的初一生：

你虽然在夏威夷，但中文没有荒废，可见你的家庭和你自己都很用心地保有这文化之根，中文这么流畅，这值得你自豪。中文蕴含着巨大的价值，它是没有间断的，一直在被使用与生长的，是既古老又新鲜的文字。通过中文我们可以跨越时空与一切先贤对话，信息很少会变形与流失，这意味着每个中国人在生活中遇上难题时，往往可以去积累和进化了数千年的智慧中找启示和答案。

交到“很烂的朋友”，对小朋友来说，可能就被带“烂”了，影响一生。但小朋友又是社交动物，多数小朋友只要有一小段时间没有朋友，他们就会觉得很可怕，要孤独一生了，这导致他们有时候“饥不择食”，不想分辨与拒绝“很烂的朋友”。孔夫子处理这事，是先把交友的标准立好，符合标准的人才是朋友，不合这标准，越有趣、越漂亮、越有钱，就越可怕，因为他们控制力更强。

孔夫子认为的益友标准是“友直，友谅，友多闻”，正直的人，守信用的人，有知识的人，才值得成为朋友。

我们要灵活运用，有时对方具备其中一种，就可与之交友，比如正直。正直的人可能没受过好教育，知识不多，甚至是文盲。正直的人有时甚至还体现为“没有信用”，当他发现约定好的事情有违正直时，他会为了正直而牺牲信用。这也是孔夫子说的“君子贞而不谅”，君子为了正道不拘泥于小信。这是高明的退出与纠错机制，只有这样，当你发现一件事做错了，把一个人看走眼了，一个朋友变质了，你才不会为守信而守信，被坏人坏事捆绑着一起沉沦。

只守信用不正直的人，是不能交的。

只有知识不正直的人，是不能交的。他们会成为邪恶的聪明人，朋友往往是第一批受害者。

有信用且有知识，但不正直，做恶能力一流，是最可怕的。

所以排列组合后，四种人可交：正直的人，正直而守信的人，正直而有知识的人，正直、守信且有知识的人。

在初中生身上，正直就是尊重老师与家长，绝不会仗着体力与智力优势欺负同学；守信用就是守学校纪律，守家里的规矩；有知识就是爱读书，成绩好。内向的、不主动的小朋友不要害怕没朋友，做到这几点，桃李不言，下自成蹊，想成为你朋友的人就会很多。你性格比较主动，更不用担心没朋友，如果按这几个标准去辨别，你文中说到的这个日本朋友，是不符合这标准的，可以考虑逐渐疏远，慢慢中止朋友关系。

祝开心。

连岳

我的老大朋友

连岳叔叔：

您好！我是一名二年级的小学生。今天看了您写的关于朋友的文章，我有相似的问题想跟您请教。

我有一个好朋友，她总是把自己当作老大。做游戏的时候都要听她安排，不听的就不能一起玩。她还不允许我跟另一个同学交朋友，我只能偷偷地跟那个同学交朋友。

爸爸让我不要跟她做朋友了，但是我其他的几个好朋友都是跟着她玩的，如果我不跟她做朋友的话，她就不让她们跟我玩了，我会觉得很孤独，而且我已经习惯被她控制。我要怎么改掉这个习惯呢？还要不要继续跟她做朋友呢？

希望连岳叔叔快点回答我。

开心的小学生

* * *

开心的小学生：

你已经习惯被她控制，那么，这种关系就是不健康的，产生了两个受害者，一个是控制你的她，一个是被她控制的你。如果持续发展下去，她将慢慢变成一个控制狂，人人讨厌，给家人都会带来无尽痛苦。你将变成一个软弱者，终生为人所控制（因为控制狂总能盯上软弱者），你等于失去了自我，成了可怜的奴隶。

所以你爸爸的建议是对的，你应该及时调整这段友情。这样你们两人才都能健康成长。她知道控制你，你会反抗，会离开，她会失去朋友，她终将学会尊重别人。你知道要珍惜自己，尊重自己，终将独立而坚强。你们彼此都从对方身上得到了养料，变成了更好的自己。这个改变只能由被控制者、被压迫者发起，因为控制者、压迫者很舒服，没有改变的动力。你承担起了让两个人变好的责任。

改变，没必要宣布断交，不当朋友，你只要正常行事即可。朋友光明正大地交，不要像做贼一样“偷偷”交。玩游戏要公平地玩，大家都可以发表意见，如果非要听她指挥，你就不玩。这么做以后，你猜测的事可能会发生，她控制几个小朋友孤立你，逼你认输屈服，让你觉得“孤独”。不过，这个孤独是好事，是一个意志坚强的人必须经历的。早一点经历更好。你将来要做大事，做重大的决策，都会有孤独时刻，周围的人怀疑你，远离你，嘲讽你，挖苦你，敌视你，你绝不能屈服。软弱的人受不了孤独，成不了大器。

仔细分析一下，就知道她孤立你的成本很高。她得笼络、威胁其他几个小朋友，这消耗她的力量，包括物质的力量（她可能得“贿赂”小朋友）与精神的力量（她总在算计、搞“阴谋”，高度紧张）。其他小朋友在这种关系中，也像你一样不舒服，他们也随时准备“叛离”，他们的联盟是极其脆弱的。就算她能牢牢控制这几个小朋友，可是小朋友那么多，你跳出这个小圈子，到处都是不受她控制的、可以成为好朋友的小朋友。事情于是演变成这样——你自由自在、开开心心地交到新朋友，她却痛苦不堪地维持着不起作用的“包围圈”，你说，谁会赢？当然是你会赢，胜利总是属于正义者的。她若不改正，过一段时间，她就是孤家寡人。

事关自己的独立、尊严与自由，则不能逃避斗争，越逃避越没有出路。这就是毛主席说的“打得一拳开，免得百拳来”，美军强大到不可一世，装备简陋的志愿军也“一拳”将他们打上谈判桌，然后有了现在的和平。斗争有成本，打一拳自己也会痛，但这是最小的成本，最小的痛，从此别人不敢不尊重你，不敢惹你。这样的国家，才是强大的国家，负责任的国家；这样的人，也才是强大的人，负责任的人。

祝开心。

连岳

先成长，再去爱

连叔：

您好！首先感谢连叔在百忙之中阅读我的来信，并回信！

我是一名高一的学生，马上就要步入高二了，我即将迎来人生路上的第一次选择——文理分科。

在心理课上，一次关于您文章的分享，让我开始关注您。我去读了您的每一篇文章，每一封回信！我从您的文章中发现自己有和其他“信友”一样的困惑，想请您给我指引方向。

我是一个十分感性的小孩，在初中三年的生活里，我认识了一个女生，她和我关系非常好，我是她“男闺蜜”。我真的很喜欢她，和她表白了一次又一次，但她始终没有同意。我和她的关系不是很“纯真”，有时候我也真的怀疑男女生之间有没有纯洁的友谊。我觉得我自己对她的感觉“不纯真”，但我可以感觉到她真的只是把我当成好朋友，我很迷茫。

初中三年，她在一班，我在十六班。我们通过QQ扩列相识，渐渐熟悉，成为挚友。还记得以前每天上学我都会在学校门口等着她，一起踏入校门。课间我们在教学楼的天井中相望。我们一起在校园里嬉戏打闹。放假一起出去唱歌、吃饭、逛街，一起去游乐场，一起毕业。中考我和她仅相差十六分却去了不同的学校，但我们的关系丝毫没有因为不在一个学校而变淡，每次放假我们依然一起出去，依然互相关心，无话不谈。我空闲的时候还会去她学校找她。今年我们一起过了生日（我农历生日她阳历生日），这真的是我十六年来过得最快乐的一次生日。

马上要高二文理分科了，我不知道我和我的“好闺蜜”结果会如何。我又一次和她表白，又一次被拒绝，说实话我有点想断掉联系。我和她从中考时的十六分之差到现在她可能领先我一百多分。我开始觉得我自己这样有点傻，有点蠢，我可以为她做许多许多的事——躺在床上不睡觉，和她一字一字发着消息；她打游戏那么菜，我陪着她打游戏；我为了她和别人吵过架，打过架，为了她哭过；她一个人在马路上走，我都怕她丢了，怕她被绑架，害怕一切。同学说我是“舔狗”——我对她很好，好像我付出的比她付出的多很多。我是否应该放下她全心投入学习，但我又怕那样会失去她，不仅因为我喜欢她，还因为我也真的把她当朋友了。

我和她也有约定，我们约定高考一起笑着走出考场，高中不在一起，但大学可以一起。但我现在真的很差，和她相差很大。

我到底应该怎么办呀，是断还是继续呀？连叔，我很迷茫，很烦。连叔，教教我如何对待感情吧，如何去辨别男女之间是否是友谊。她拒绝我那么多次，我还应该继续喜欢她吗？

因为喜欢过，所以更害怕失去。

最后祝连叔身体健康，家庭幸福。问连太好！

一只甜甜的狗

* * *

一只甜甜的狗：

表白有学问，应有礼有节，它是温柔的、优美的、感人的，但又是克制的、点到为止的。既是对所爱者的肯定，求爱者又不丧失自尊。所以，一次又一次的、纠缠式的、推销广告式的表白，是感情的大忌，容易消磨他人对你的好感，甚至让人觉得你心理不健康，离你更远。

其实，你们还在读高中，你表白，她答应，这个确立仪式反而不怎么重要。她答应你之后，你们就是开开心心一起学习一起玩。可是，你们现在不就已经开开心心一起学习一起玩了？你们虽无恋爱之名，但有恋爱之实。真的确立恋爱关系，家长老师多少还会担心，一有风吹草动，压力就来了，反而不如现在这么放松和开心。

到了大学毕业，进入社会，在那个人生阶段，接受求爱的确立仪式很重要，那是因为人生许多事情必须及时开展，时间无法空耗。有爱的共识之后，才能一起买房子，宴宾客，生小孩。高中生哪有这个急迫性？高中生的急迫任务是把书读好，考一个好大学。

爱的约定很重要，但也很脆弱。爱的本质是什么？是对一个人能力与责任感的肯定。能力可以简化为业务能力，在我们祖先还是猿人时，这能力就是你每天带回洞穴的食物要足够多；责任感就是忠诚，不必担心你把食物送给隔壁洞穴的女猿人。我们如今不必在野外狂追野生动物，但爱的本质没有变，没有能力就买不起超市的肉。在一个物质丰富的，不再担心饥饿的时代里，人人买得起肉，能力就有各种不同形式的体现——要求你精进专业，把握机会，获得尊重。高中生的能力是什么？就是学习好。

有能力没有忠诚，有忠诚没有能力，爱情都不太可能存在。你的忠诚是有的，但成绩持续下滑，爱情就会走远。只有成绩上升，甚至站上塔尖，得到爱情的可能性才会持续变大。这是爱最有价值的地方，它让我们心甘情愿地去挖掘人生的最大可能。在人生的任何阶段，从初中到高中，从青年到中年、老年，你都愿意为了爱持续努力，不停前行。爱让人进步，进步让人得到爱。有进步，爱才能始终坚固。

祝开心。

连岳

5

家人之爱，是爱的最好形态

家庭是座宝藏，藏着解决许多问题的钥匙。

人生最重要的学问

连叔：

您好！

我是一名刚中考完的学生，受妈妈的影响，我初二开始关注您的文章，您的很多文章可以解答我心中的疑惑。我最近无比崩溃，中考过后查分数看到自己考了530多分，心里松了口气，家人也很高兴，觉得有望上普高。但就在昨天，录取分数线出来了，是566分，知道这个消息后，我以为暑假生活还可以平平常常地过。没想到的是，今天早饭时，爸爸说："考不上打工去算了。"我一时听不出是玩笑话还是真的，因为我自己还没有做好过早进入社会的准备，我们家的家庭条件不是很优越，一年收入八九万，暑假给弟弟交下学期学费花了一万多。

今天一天妈妈都在唉声叹气，一边打电话找私立高中和中专，一边还说了一大堆像是在埋怨我不够努力的话。我的内心瞬间崩溃了，让人崩溃的瞬间不是父母的责骂，而是被父母放弃啊。

身边的同学基本上都找好了学校，没考上普高的大多都去了私立学校，他们告诉我，任何私立都比中专好，而想去中专的同学告诉我早点学一门技术会很好。面对未来的迷茫，我真的有些不知所措，心声也不知向谁吐露。

想听听连叔的意见，谢谢。

失意

* * *

失意：

你父母并没有放弃你，他们不是在联系私立高中和中专吗？你父母说的是一些气话，并不是要放弃你，他们只是像你一样沮丧罢了。应该允许他们有偶尔生气和沮丧的权利。现在有一股歪风邪气要求父母当圣人，他们的一言一行不能有任何差错，只要有一点错就是父母在伤害孩子，必须检讨、认罪一辈子，这太无赖了。即使是圣人，也会生气，也有过失。孔夫子看到学生宰我白天睡觉，便怒斥他，朽木不可雕也。子路的瑟演奏不好，他就挖苦子路不像他的学生。宰我和子路其实都是他的好学生，犯的错也很小，孔夫子还是会生气、会沮丧。你考不上普高，父母生气和沮丧，那是人之常情，不应该给他们扣大帽子。

父母不爱孩子的比例是低的。要记住这点，你的父母肯定是世界上最后放弃你的人。你成长到可以自立，要在父母身边待二十年左右，在这漫长的时间里，难免磕磕碰碰，谁都会说点过头话，做点出格事，他们可能会伤害你，你一定也会伤害他们，他们无法当圣人，你也无法当圣人，你无法选择父母，他们也无法选择孩子，彼此体谅，彼此放过吧。

也许你会觉得奇怪，为什么我没有分析私立高中与中专的优劣，而是说了上面的一堆。因为上面说的才是人生的大学问，是我们一生的主要学习内容。考上普高，继而考上好大学，人生大学问不及格，人生仍然是失败的。你没考上普高，最后可能读不了大学，人生大学问优秀，人生仍然是成功的。人生的大学问就是处理人与人的关系，能够将它们调整到最适宜的位置，达到仁义，仁是爱人，是人与人的最佳关系，义即为宜，刚刚好，不不及，也不过度。将仁义的主动权永远掌握在自己手里，是修心的过程，与外部环境没有太大关系。私立高中与中专，各有利弊，伯仲之间，读什么都没错，都不影响你进化成一个仁义之人。

初中毕业，就已经是小大人了，从今天开始，不要再只盯着父母的不足，要多看他们的付出。这样你就不会埋怨他们，而会敬重他们；不再要求世界宠自己，多看自己能做什么，你做了更难的事, 收获自然更多; 不再害怕他人的误解与忽视, 而是专注自我认知, 推己及人, 高标准要求自己, 不过高要求他人, 你肯定会越来越重要。你只要保持身体健康, 情绪稳定 (不钻牛角尖, 不乱发脾气), 把手头的任务完成好, 这样不管你读什么学校, 前面的人生都是一片光明。

祝开心。

连岳

你比爸爸强大

亲爱的连岳叔叔：

您好！

我想跟您聊聊我的爸爸。他的脾气非常不好，没有妈妈温柔，没有奶奶疼爱我。虽然我知道他每天送快递非常不容易，可是我实在受不了他的脾气。

今天发生的一件事导致我哭了一个小时。起因是，今天一回到家我就开始写作业，老爸不知道在干啥。我写完作业后，就开始玩妈妈的手机。老爸之前没有看见我写作业，等他看见我时，我已经在玩手机了，他便大声对我吼道："不能玩手机！"之后他就走了。

我以为这件事就结束了，结果呢，还没玩一会儿老妈就叫我吃饭，我说马上来，马上就来，又接着玩了一会儿。老爸就开始发脾气，让我快过去吃，我也放下手机过去了。可老爸嫌我走得慢，又吼我。我过去之后看到碗里的面，就说我不爱吃这个面（妈妈接我放学时说过，今天晚上不做饭吃面条），老爸就说："你不要挑三拣四的。"我看见面条里有我不爱吃的肉和我吃腻了的鸡蛋，就更不想吃了。但老爸还是逼着我叫我快点吃，继续对我发火，我说："我可不可以不吃肉跟鸡蛋，只吃面条。"老爸坚决又生气地说："不行！"当时我就哭了，他还说不吃就揍我（以前我不听他话时他也揍过我，被老爸吼是家常便饭，挨揍一年最多不超过三次）。之后我一边哭一边把面条吃完了，肉和鸡蛋最后还是偷偷给妈妈吃了。后来我一个人上楼哭了一会儿，妈妈过来安慰我，我的心情才平静下来。

说到这里，我还在生老爸的气。为什么只要我做了让他不满意的事，他对我不是吼就是揍。我绝对是他亲生的。

一个八岁半的二年级女生（小包子）

* * *

亲爱的小包子：

我告诉你一个家庭秘密，别看你爸爸能吼你，还能揍你，你却比他强得多。比如这件事，你最后还是如愿没吃肉和鸡蛋，并得到了妈妈的安慰。而爸爸得到了什么？什么也没有，他还得气鼓鼓地去工作，因为生气，工作出差错的可能性变大，一旦出错了还会被人责怪。在这次冲突中，你才是赢家。

父母被孩子惹得大吼大叫，甚至动手揍人，那正是他们最虚弱、最可怜的时候。在发生这件事之前，他们是正常说话的——温和地讲一些规则和道理，如果孩子接受了，事情就不会恶化。比如你如果不是未经允许玩手机，或在被制止后立即不玩，或者吃饭时不挑食，事情都还可控，遗憾的是，多次机会你都没有把握住。话说回来，孩子使用手机的第一条纪律是：在父母（或监护人）的允许和监督下使用。否则的话，手机一定会毁掉孩子，别说你只有八岁半，就是十八岁的高中生，在手机的诱惑面前，也可能失控。你爸爸看你偷玩手机时那么生气，这正是因为他爱你且具有相关的教育常识。有些父母爱孩子，但没有教育常识，放纵他们玩手机，孩子最后只能玩成一只成瘾的可怜虫。你爸爸比他们负责任。

负责任的人，都会辛苦一些，负责任的父母，比不负责任的父母更辛苦。为什么要自讨苦吃？那就是因为爱。你完全不理会爸爸，继续偷玩手机，挑食，哭闹，最后都会赢，爸爸除了绝望地吼叫几声，偶尔打一下你，再没有别的办法，他还是得照样乖乖地工作、养家。他只要爱你，就注定是软弱的、可以由你欺负的。如果一个孩子一直利用这点逼迫父母让步，那他最后就会变成一个不负责任的孩子，一个没有爱的孩子。虽然今天你知道了你比你爸爸强，但也不要用这大能量去伤害他，你要帮助他，要担负起自己的责任——准时高效地完成自己的任务，玩手机前获得允许，吃饭不挑食。这些都是你可以做好的事，做了，你爸爸能感受得到你的爱，他的脾气将奇迹般地好起来。你为什么要当一个负责任的孩子？也是因为爱，你还可以用爱改变你爸爸。

祝开心。

连岳

青春期的我，更年期的妈妈，我们的冲突与成长

尊敬的连叔：

您好。

我是一个初二的女生，这段时间，有一些事情使我感到困惑，希望能得到您的帮助。

现在是初二下学期，通过市质检我知道了小中考的重要性，所以这段时间压力有些增大。我与母亲的交流，最近也不是很好。

青春期和更年期，都是情绪不稳定的时期，可想而知，处于这两个时期的人碰在一起，有多可怕。我几乎天天被她骂，就算只是我放学上车晚了一点点，她也要当着我同学的面骂我，我感到很没面子，也很难受。有时候在家里甚至一言不合她就拿起棍子要打我，即便在这种时候，她还要让我好好跟她讲话。我很郁闷，也不知道该怎么跟她说。（而在这种时候，我的父亲一般都是在一

旁看手机或者做他自己的事，我好希望他能帮我一下。）并且有时候，她好像不知道自己说过的话有多么重。有时候到了气头上，她会说："我怎么会生出你这样的女儿！""你是个东西吗你！""我当时就不应该生你！！"

最初我没怎么放在心上，因为我知道气话不能信。可是当她亲口告诉我她不想生下我的时候，我好像挨了闷头一棒，怀疑我是不是她亲生的。有时候我还会想，她是不是不爱我了？如果没有我她是不是就会开心很多？如果我死了，她会怎么样呢？可是我还爱她啊，她可是我的母亲啊。所以，我只能告诉自己，她只是太冲动了，只是不够了解我才会那么说的……

连叔，我到底应该怎么办呢？我真的不想同她吵，我也希望我们能够和睦相处。今天说的话有些多了，但是真的希望您能帮助我，感谢您。

第一次写邮件的女孩

* * *

第一次写邮件的女孩：

你很聪明，发现了冲突的大背景——青春期与更年期的冲突。很多父母知道孩子在青春期，可能忘了自己在更年期。而只有极少数孩子意识到父母处于更年期的困扰。你的妈妈可能就没有意识到这点。

我们在成长过程中，遇到的一大挑战就是希望有更好的爸爸妈妈。当然，父母抚育孩子的一大挑战也是希望有更好的孩子。这些愿望都是实现不了的。换言之，孩子不可能换掉父母，父母也不可能换掉孩子，只要孩子一出生，这层关系就不可改变。希望改变不可改变的事情，将浪费心智，激发焦虑，败坏人生，而且程度将一直加剧，因为你的希望永远不会实现。意识不到这点的孩子，就无法完成这个成长大挑战，他们往往采取两个错误的对策：一是报复，比如故意把学习或身体搞垮，事事逆反，怎么让父母不舒服怎么来，甚至自杀；二是抱怨，无穷无尽地埋怨父母造成了自己这样那样的心理伤害，从青春期埋怨到更年期。这样确实会让你的父母痛苦，似乎出了点怨气，可是，你自己的人生也没了，痛苦程度更大。

完成这个大挑战，也可以是一瞬间的事，就是意识到你必须接受你的父母，即使他们不再进步。父母给你的爱，是成长的养料，这点人人看得到。人人看不到的是，父母由于自身的不足，有意无意给你制造的麻烦，也是成长的养料。比如你认为妈妈苛刻，晚了一点点就骂你。人当然难免迟到一两次，宽容的妈妈不会生气。可是你在苛刻的妈妈的训练之下，将会永远准时，你长大后才会发现，这是大才能，也是大财富。人生的上升，不是因为一下做了什么大善之事，而是持续积累小善。人生的下降，也并非是因为大奸大恶，而是小恶难除。守时是小善，这个小善积累起来，就是极其强大的自律与合作精神。凡你认为妈妈苛刻你的事，都可以想想这事背后蕴含着什么成长的希冀。

你只是初二的孩子，或许有人认为对你说这些，太深奥，太艰难，一般人要到三十岁，甚至四五十岁，被生活毒打过几次才意识到这个道理：凡生活苛刻我的事，后面都蕴含着成长。你妈妈现在可能还不明白这道理。可你不是一般的孩子，你在初二就有理解这个道理的机缘，这让你的成长大大提前。在家庭中，主控事件进展的不是年龄，而是智慧。你智慧多，让你准时你就准时，让你温柔你就温柔，让你吃饭你就吃饭，让你睡觉你就睡觉，让你学习你就学习。看起来你被更年期的妈妈苛刻着、控制着，实际上，是你在掌控她，引领她成长，小小年纪，有机会做这事，且能做成，是多么酷啊。

祝开心。

连岳

孩子和妈妈的真诚沟通，有何等大力量

连叔：

您好，我是一名初二的学生。最近发生了一些事，让我感到有些难过与不知所措。

我从初一开始就对一个男生很欣赏，对他很有好感，后来好感慢慢地演变为喜欢。我们班是重点班，我和他都是班级前十。在年级我排十五名左右，他排前十左右，但他成绩波动大，有时四十多名，有时会进前五。

那个男生很优秀，是一个很幽默、阳光的人，但又好像有些腼腆，也有些自卑。初一时我的座位离他较近，在和他相处的过程中，我发现他是个很善良、温柔的人。他的温柔藏在小细节中，是温柔而不自知的人。他开玩笑有分寸感，人有点傲，也有点不靠谱。他不是标准意义上的好学生，但有绝对正确的价值观，只是比较懒散，对自己的要求并没有那么严格，这点我觉得他和我很像。因为他比较“狂”(在我看来应该是傲),所以没少挨老师训。他的这一特点在网课期间达到顶峰。我留意到,在网课期间挨了几次严厉的批评后,他的状态很低迷,好在后来调整回来了,成绩也上升了。

但我发现,他好像总是一副懒散的样子——上课是认真听的,但对待作业并不是很认真,像是没尽全力一样。老师也是因为这个才一直把他拎出来训,不过也没有训得太狠,毕竟他成绩还不错。期末考后我找他聊天,开玩笑说这次应该也超不过他了(我一直都是把他当目标的)。他说感觉没考好,不够努力,觉得自己不配得到他人的关心(大概是这个意思),我便安慰他,后来就淡淡地结束聊天了。可是最终成绩出来,他却考得很好,我虽然也进步了,却没有他考得那么好。

对于这点,我为他高兴,也发现了自身存在的一些问题。我也是属于那种不够努力的人,做事情总是佛系对待,最后不上不下落得个中等水平,简而言之就是不够自律。关于这点,我也一直在改进,现在也找到了新的目标:和我不同校的闺蜜一起考进八大。我也在慢慢地变好。

但由于我喜欢那个男生,所以很多时候都会控制不住地流露出自己的感情,我会忍不住去找他聊天,想和他发展成好朋友。

但我做的实在是太明显，太明显了。这次期末考过后，他好像终于确定了我是喜欢他的，于是就开始躲我。这件事让我难以启齿，但事实确实是这样的。有时我找他问题目，发出的信息他也是已读不回。我又难受又抱歉，仔细想想，我真的太自私也太不理智了，不能把喜欢好好地藏住，还总想去接近他，关键是对他造成了影响。我真的感到很抱歉，但又有些委屈。

我在喜欢他的这个过程中，是有找过母亲和闺蜜倾诉的。母亲说，这个年纪有喜欢的人是很正常的，但藏在心里，默默地和他一起进步就好了，千万不能影响学习和心情。她说这是很美好的情感，以后我回头看的时候，是会感叹青春的美好的。我觉得母亲说得很有道理，我也是这么想的，但有时候我真的控制不住，总会在意他（当然，成绩没有下滑，还进步了），也会因为他难过伤心。母亲对我因为他而变化的情绪很是无奈，她说她不希望自己的女儿因为任何一个人而受到伤害。我觉得现在这个年纪说那些情呀爱呀的还早，但我确确实实是被那个男生吸引了。出现现在这个情况，我觉得很难过，对那个男生也很愧疚，我不应该影响他，也不应该把这些表露出来的。虽然我现在也不清楚他到底知不知道。

现在我打算好好地提升学习成绩，不去管那么多了。母亲说让我有个性一点，不要因为别人影响心情，我会努力这么做的，但我还是会把他当作目标，争取在初中生涯中超过他一次。

感谢连叔这么耐心地读到现在，以及我真的感到很抱歉。我该怎么做？我还应该主动和他交流吗？我这样是否是对学习不够认真的表现呢？请问您能给我一些建议吗？谢谢您！

祝您和连太平安喜乐，万事顺意。

橘子

* * *

橘子：

你没做错什么，不必抱歉。最有力的证据就是你和那个男生的成绩都在进步。喜欢一个人，并向他表达自己的喜欢，这是对他的肯定，尤其是你这么优秀的女生。他在内心对你应该也是想表达感谢的，只是年纪小，还不知道如何表达。同时，既要感谢一个人，又要拒绝一个人，就是成年人也很难把握这个分寸，以他现在的能力，只能躲躲闪闪了，不必怪他。

喜欢一个人，但对方并不接受，当然伤心。这是人正常的情绪反应，所有人都是如此。只要没有引发两种严重后果，这伤心反而可以转化成动力，就像你决定一定要在初中阶段超他一次。

这两种严重后果是什么？一是自我否定，别人不接受我的喜欢,那一定是我不好,然后自怨自艾,自暴自弃,证明自己足够坏;二是无限纠缠,缠到自己不要尊严,缠到他以为你只可能喜欢他一个人,又是对你不屑,又是把你当成奴隶,予取予求。这样,你不仅把自己毁了,也用纵容把对方毁了。所以,被拒绝后最好的做法就是保持正常,不卑不亢,既不惭愧、抱歉,似乎低他一等,也不更亲密,似乎要讨好他,更不要因爱生恨,去攻击他、否定他。

你的自我剖析单纯、透明、热烈,像阳光一样,这种真诚是极有力量的品质,在人的成长中发挥关键的作用。子思说:“至诚如神。”真诚在做人、做事、做学问上是一种神一样的力量。人变得软弱、无能,开始犯错误,那往往就是失去了真诚,从而失去了对自己、对他人、对世界的真实判断。

看到你和妈妈倾诉过这次感情,我就知道,在建立你的真诚品质上,你妈妈功不可没。或许你会说,好像也不是每次都能解决问题,妈妈也不是总能说服我,有时甚至还能看到妈妈不知所措、力不从心的样子。最重要的价值不是谁说服谁,而是你们母女的沟通渠道是通畅的。你可以和她述说一切,你不害怕,不隐藏,不欺骗,一次又一次,成千上万次的交流,就把你的真诚养大了,养强了。

有些问题暂时没有答案,有些问题没有标准答案,有些问题需要时间积累才有答案，有时候交流难免还会有情绪，甚至会不开心，但一定要记住，你和妈妈的真诚交流本身就是在帮助你长力量。你的青春期到了，有时情绪起伏会比较大，有时生出逆反心理，容易关闭与妈妈的沟通渠道，或令沟通的质量变低，这都是不利于成长的。越是碰到难题，越要记住，与妈妈的真诚沟通本身就是在解决问题，尤其是你的妈妈还是一个负责任的、高明的教育者和引导者，不要浪费这么好的资源。

替我向你妈妈问好。

祝开心。

连岳

要当一个公平的人，从公平对待父母开始

连叔：

您好！

我是一名刚参加完高考的深圳学生，高考可以说是超水平发挥，有部分科目获得三年来的最佳成绩，可以考虑很多出分前完全不敢想的学校和专业。但我却在这时候发现，我父母以及亲戚的兴奋并没有感染到我，我很难从这份成绩单中获得喜悦，反而更多的是怀疑和焦虑，我成了家里表现最平淡的那个人。

从小到大我在周围人眼中可以说是较为突出，是“别人家的孩子”。但从小学开始，我就很难觉得考到高分是一件值得开心的事了。我的爸爸是一个在学业上对我要求很严厉但不擅长表达的人，他认为算错了或者忘记了就是“做事不上心”。在回忆里我几乎没有得到过他的直接表扬，都是“你就应该考这么好嘛”“老师/同学多喜欢/羡慕你啊，你要继续保持”这样的激励。

当我考到一个自己觉得简直完美的成绩并主动向他们提起时，得到的也是一两句敷衍和岔开话题，甚至当我说得过分时也会被斥责“要夹紧尾巴做人”。在小学五六年级的时候，我有段时间几乎每天晚上都悄悄哭，想不清楚为什么我连句“你很不错了”都听不到。大概从那时起吧，我在考高分后会松一口气觉得短期内不会挨批了，考低分后会提心吊胆担心回家被斥责“太把自己当回事”，因为考差是自满的结果。于是我开始自我否定和检讨，这样受到的伤害就没有那么大了。

从高中开始，我的父母一反常态，不再对我的成绩有高要求，甚至在我考的极差时还会安慰我鼓励我，我有的时候甚至怀疑小学初中的记忆到底是不是真实的。他们说以前是担心我走上自大的弯路才对我严格要求，现在他们决定让我自己做主。我确实感激他们从前的鞭策和现在的温柔，但我发现自己很难从自我否定中走出来。每当他们提起成绩，我的鼻子就条件反射般的发酸，他们总能在第一时间发现，然后从正常的聊天变成对我的斥责。我妈妈有时候会骂我说“你到底有什么好委屈的？这个家是有多让你不满？”，我也不知道应该如何回应。我很感激他们在物质和时间上对我的付出，但我不知道我在委屈什么，我好像比大多数人的生活或成绩都好。每当我想在日记中写些自省或比较深入的想法时，都会以我一边哭得一塌糊涂一边冷得发颤作罢。我不知道悲伤从何而来，但每当我试图找寻源头的时候都只会觉得负面的情绪像一片海，而我浸在海的中央极目远眺也见不着岸。

去年五月我在日记里写到“我好盼望未来某一次转机，想得到救赎，想变好、变自信、变快乐。我不知道怎么用健康的方式消化自己的委屈，怎么脱离舒适区去尝试新的生活方式，怎么认可自己的经历和成绩，怎么以年轻人应有的姿态去面对理想”。而我很遗憾一年后的今天我依然没有答案。我的敏感和莫名其妙的脆弱给家里带来了很多不愉快，这也是我不希望的。

我想改变这种高要求低回报的处事方式，想改变这种爱哭又不知道为什么哭的状态，想重新拥有为成功而喜悦自豪的能力，我好像知道我纠结的源头是我消极悲观的态度，但我不知道怎么改变它，因为这种态度确实让我免除了很多外界带来的痛苦，我也不清楚健康的心理状态是什么样的。

我想我不敢接受我的好成绩的原因应该是我不敢面对未来有可能出现的失败吧，没有对自己的期待就不用感受未来遭到落差后的失望了。这是我过去十多年的安全区，我今年十八岁，我迫切地想要走出这个安全区，成为一个自信勇敢的人。希望连叔能给我一些看法和指导。谢谢!

一个有点迷茫的人

* * *

一个有点迷茫的人:

你认为自己面对好的高考成绩反应平淡是因为不敢面对未来的某一次失败。我认为也极有可能是你在等未来某个更大的成就,高考成绩并不足以让你太兴奋。平淡就平淡吧,虽然与他人不同,可也很酷。不强求自己和别人一样,人生很多结就容易打开,这是对自己公平。和别人不一样就是自己的错?没这回事。

你不知道自己的理想是什么,未来在哪里。这很正常,你才十八岁。只要站得稳,一步步往前走,未来就会慢慢呈现。这就是“本立而道生”,本质立起来了,道路就在你脚下生长。本质不立,把你放在高速公路上,你也会逆行出车祸。

这个“本”是什么?就是上面说的公平。当然,只对自己公平,对别人不公平,那是极大的不公平。公平就是做到对一切公平,对自己公平,对他人公平,对世界公平。看得到缺点,也看得到优点,看得到不利,也看得到有利,这样,你说的话、做的事,正确的概率高,人生之路也会越走越宽。

你学着用这公平的理念去分析你的父母，可能又会发现不同的结论。你说他们在你小时候，只爱说“你就应该考这么好嘛”，你盼不到“你很不错了”的表扬。而在我看来，前一句表扬得更肉麻，表达的意思是“你就是这么强”“你是第二，没人敢说第一”。从你的描述来看，你父母是负责任的，合格的。我并非说你的父母一点过错都没有，世上也没有这样的父母。

科科95分是学霸吧？不还错了5分。当父母也一样，天天揪着错的5分，顶级的父母也会被批臭。现在有种不好的风气是，成长一遇到挑战，人生一有不如意，马上就“揪斗”自己的父母，这是非常不公平的做法。父母养育你最久，为你做的事最多，他们自然也是在你身上犯错最多的人，这是符合比例的。这种“揪斗”风气，对少数坏父母没有任何作用，他们的心硬得很，甚至没有心，伤的是大多数好父母，伤的更是孩子自己。自怨自艾，天天活在过去，怎么会有未来？

要当一个公平的人，先从公平对待父母开始。他们是人，人是有局限性的，人是有情绪的，人是会犯错误的，就像你自己一样。一些伤心，一些不满，一些痛苦，那是成长的必然成本，谁都得付。

你的未来已来，原谅你的父母吧。原谅总是一剂精神良药，可治心疾，可解束缚。

祝开心。

连岳

教育最重要的内容是什么？

连岳叔叔：

您好！我是一名四年级的小学生，十岁，女生。自从上了四年级，我有种老想和父母对着干的感觉。一开始，我把这种感觉隐藏得很好，只在脑子里，不在谈话和做事里。但时间一长，就隐藏不住了。时间越是长，暴露出来的就越是多。我妈教育我时，我还有种不服气的感觉。我不喜欢这种想法，每天都在问我自己：难道以后我每天都要这样吗？

请您帮我解决，谢谢。

四年级生

* * *

四年级生：

想和父母对着干，不奇怪，这是一种动物本能，表示你大了，可以独立生存了。十岁的哺乳动物，已经很成熟了。只有人除外，你还要接受很长时间的教育，才可能真正地、高质量地独立生存。

教育是学什么？这问题看似很好回答，不就是学校设置的那些课程，语文、数学、英语、体育、音乐、美术之类的。这回答没错，教育的重要内容确实是在学校逐级攀登，从小学生读到博士生，从小文盲变成大专家。但这是不够的，这还不是教育最关键的部分，只是一些技能。

最关键的是人要有礼貌。无礼之人，就是博士生，也没人喜欢他。有礼之人，你就是只接受了义务教育，也是受人尊敬的。那文盲呢？有礼之人，就是文盲也有幸福安宁的生活，只是现在义务教育普及，你们这代人不太可能有文盲了。

那礼貌是什么？这个问题还真是大。礼貌的范围非常广，贯穿生活的每一层面，但核心倒也不复杂，那就是不伤害人，不说不该说的话，不做不该做的事。你想和父母对着干，说一些伤他们的话，做一些气他们的事，真做了，就是典型的没礼貌。我知道不少小朋友是这么做的，把他们的父母气得半死，他们本能地抓住父母致命的弱点：无论我怎么无礼，你们也还得照顾我，你们终究是无法放弃我的。对这种行为缺乏反省与警惕，那就会长成一个无礼之人。在陌生人面前，他或许可以表演得有礼貌，但人一旦和他亲近，对他好，建立了稳固关系，他无礼的本质就暴露了，这种人，自己不会幸福，也无法给人带去幸福。

一个人学礼貌，就是从对父母有礼貌开始。孩子和父母朝夕相处，父母的缺点与不足，无处遁形，孩子只爱大英雄，因此很容易小瞧、轻视父母，对他们失去礼貌。其实，即便你的父母真是大英雄，时间一长，你也可以在他身上找到许多缺点与不足。在长久关系中，人容易失去礼貌，总觉得时间还多，我今天对你不好，明天补回来就是了，结果今天永远都是对你不好的今天，补回来的明天总在明天。

人总会不耐烦，也常有伤害他人的冲动，越早学会用礼貌克制它，一个人的精神力量则越早变强。你忍得越难受时，进步就越大。

祝开心。

连岳

盼望中的妹妹降生了，为何反带来了嫉妒？

连叔：

您好。

我从很早以前就开始关注您了，在您的《少年问答》中，我看到您很善于为青少年排忧解难。

这个假期过后，我就是一个初三学生了，而在这个假期，我遇上了一些烦恼。

我是个从小被父母宝贝到大的孩子，其实说白了就是被爸爸妈妈惯着，不怕您笑话，到现在我的父母还以“宝贝”这样的称谓来称呼我。去年秋天，我在上初二，有天忽然得知妈妈怀了二胎，我欣喜若狂。十三年来我一直想要有个弟弟妹妹作为我的玩伴，当时我恨不得把这个消息告诉全世界。在妈妈怀孕期间，我各种搜查资料，把妈妈里里外外都照顾了个遍，可以被称作“育儿专家”了。当然，我是自愿的。

今年夏天，我的妹妹出生了。因为疫情原因，我无法进去探视，所以妈妈每天会跟我视频聊天，和我讲她和宝宝的状况。当时我十分开心，一蹦三尺高。后来妈妈出院了，但当我把小小的妹妹抱在怀里时，烦恼却开始了。

刚出院不久，妹妹不是很乖，常常号啕大哭。妈妈因为奶水不足也十分懊恼，常常深夜里一个人流眼泪。当时妹妹刚出生不久，妈妈、爸爸、爷爷、奶奶、姥姥、姥爷、姑姑、姑父、小姨妈和舅舅都围着妹妹转，我心里是知道为什么的，因为她小嘛，需要人陪伴嘛，这些道理我都懂，但我的嫉妒心还是一发不可收拾。于是我又对爸爸妈妈问起了那个陈年老题："你爱我吗？""你真的爱我吗？""你到底爱我吗？"于是问着问着，妈妈发火了，说我要把她逼成产后抑郁症了；问着问着，爸爸发火了，说我不懂事，每天只会问这些没用的问题。

"可是这个问题对于我来说真的很重要！"我经常对父母说。"重要重要，你怎么不觉得自己学习更重要？"他们回答。

爸爸的脾气很暴躁，经常会以发脾气来结束这个不怎么让人愉快的话题；而妈妈不一样，她会和我来一次长谈，然而长谈对于我来说起不到任何作用，我还是会嫉妒，嫉妒他们偏袒妹妹。有时他们说我两句我就会哭，于是我现在又有了新的称号："玻璃心女孩”。他们总说我的玻璃心一碰就碎。可我真的是这样吗?

妹妹出生五十天了,我帮着妈妈哄孩子也是一把好手了。现在,我对妹妹的喜欢占据百分之九十,而对妹妹的敌意占百分之十。尽管这个比例看起来“善良”了很多,但我还是想问您,如何把那百分之十也变成对妹妹的喜欢呢?我想做一个完美姐姐。

希望您能回答我的问题!打扰了,感谢!

祝您天天开心!

乌托邦里的玻璃心女孩

* * *

乌托邦里的玻璃心女孩:

你当然还是爸妈的宝贝,你到了八十岁也还是他们的宝贝。家人之爱,可能是爱最好的形态。首先,它不是定量,用一点少一点,它是增量,越用越多。有多少个孩子,父母就有多少份爱。一生再长,爱也比它更持久,因为所爱的人离开这世界,我们还会思念他。其次,它不寻求独占,你爱妈妈,妈妈不禁止你爱爸爸。爸妈爱妹妹,他们也爱你。

知道这道理,你那对妹妹百分之十的敌意或嫉妒,并不会马上消失,这让你内心煎熬,却也是个好事情。就像是打完疫苗后身体可能会有一些不舒服,但付出这必要的代价后,你更健康了。

独生子女容易心理不健康，不仅孩子如此，整个家庭都如此。若只有一个孩子，保护他，就成为最重要的任务，这是基因的本能。这孩子无论表现得如何，都将得到无尽的爱，长辈甚至会卑微地奉承他、讨好他，连必要的管教都不敢实施。孩子非常敏感，他将充分利用这点，这也是基因本能，如果人们能够免费地、廉价地得到一种资源，那必然不会珍惜，即使是爱，也可能会践踏。生气、耍赖，甚至自伤、自残，都能马上勒索成功，又何必辛苦地努力呢？这样的孩子长大，再聪明，再有能力，也不是一个正常的、丰富的、有爱的人，而是一个唯我独尊的、冷酷无情的、以怨报德的人。这样的人，会给家人带去无尽痛苦，自己也尝不到一丝幸福的滋味。这样的人多了，国家也没前途。

你得感谢妹妹的降生，对她这百分之十的敌意或嫉妒，其实是你知道了自己不再是爸妈唯一的孩子，他们从此有了多一重保障和选择，家庭的格局已经改变，你对爸妈的控制力下降了，“勒索”他们的可能性消失了，要得到爱，得到资源，只能通过正向的、建设性的竞争。刚进入这种状态肯定不舒服，你得尽好本分，克制脾气，在家尊重父母，在校学好功课。当一个人不再是婴幼儿时，爱就不再是无条件的。不负责任，言而无信，放纵堕落，一再伤害家人，爱就会消失，有这种约束，人的心理才更健康。你妹妹的到来，一下让你理解了人生的真相，这是认知的大飞跃，不然的话，你可能到三十岁才能走上正道，甚至一生都上不了道。一入社会，就没有无条件的爱，无法为所欲为，无法缩回爸妈的怀抱，欺负这两个永远顺从你的人。妹妹的到来，让你彻底不会陷入这种悲惨人生。

祝开心。

连岳

家最重要的价值是什么？

连叔：

您好。

看到自己的信被登到您的公众号上了，我很是开心，迫不及待地读了您的回信。感谢您回答了我的问题，这个问题困扰了我很久，现在终于得到了解答。

上封信跟您说，我妹妹已经出生五十天了。现在我已经与她建立了友好的“姐妹关系”。她现在不会翻身、不会坐、不会走、不会说话，但时常会与我“啊啊噢噢”地交流，会让我抱，会对我笑，会在我怀里安然入睡，给我带来无尽的快乐。您说得对，妹妹拯救了我，让我自立、自强，让我在社会上不依赖别人也能生存。这一点我之前并没有想过，非常感谢您点醒了我。

如果我一直是独生子女的话，我会不会在父母的溺爱中成长，最后陷入社会残酷的无底洞中呢？我没有这个勇气去想。之前我一直认为，自立自强指的就是会洗衣服、会刷碗、会打扫家，仅此而已。但我现在才明白，这想法太过肤浅了。真正的自立自强指的是不依赖别人，能自己靠自己站稳脚跟，一步一个脚印，扎扎实实，这才是我现在的人生目标。

爸爸妈妈也读了这两封信，爸爸决定改一改自己的暴脾气；妈妈很欣慰，她对我说："妈妈对你的爱取之不尽，用之不竭，你和妹妹每个人都有百分百，妈妈不会偏心谁，因为你们两个都是妈妈的骄傲。"听了妈妈的话，我眼眶湿润了。现在想想，她在我的成长历程中付出了那么多，我却常常用无关紧要的事情去衡量她对我的爱。父母爱我，要比爱妹妹早十四年。

有了妹妹之后，我经常一个人躲在被子里想：如果有了妹妹，爸爸妈妈会不会放弃我？现在想，这是个幼稚的问题。在您给我回信之前，我看了您的另外一封给别人的回信，里面有一句话很触动我："你的父母是这个世界上最后一个放弃你的人。"看完这篇文章，我脑子里的那个问题就自动消失了，就像一个数学问题被解答了，心里的那个结解开了。

谢谢您像长明灯一样照亮我前方阴霾不散的道路。希望那百分之十的嫉妒，能成就我强大的未来。

谢谢您告诉我的道理——爱不是定量。

祝您天天开心。

乌托邦里的玻璃心女孩

* * *

乌托邦里的玻璃心女孩:

很开心替你们家解决了一点小问题。

人生，永远都会有问题的，但不要害怕，问题就是前进的方向。以你这两天展现出来的自我分析能力和解决问题的能力，你无论身处何种环境，都是能健康成长的。

家庭是座宝藏，藏着解决许多问题的钥匙。中国人很早就发现了这点，这是中华文明独特的地方——没有把精力用在宗教与来世上，借以逃避当下的痛苦，而是放在家庭与当下，直面挑战，把人与人之间的关系调整好，一切问题即可迎刃而解。而家人之间的关系又是人与人关系的基础，所以，经营家庭就是经营人生、经营世界。家风好，是一种荣耀，指的就是这么一回事。

家人之间的关系，有两种。古语说“孝悌”。

一是长辈与晚辈的关系。他们之间有爱，这说的就是“孝”。“孝”是什么？长辈慈育晚辈，晚辈敬重长辈。“孝”并不是许多人误解的晚辈对长辈的盲从盲信，长辈做得不对，晚辈反而有提醒的义务，只是不能以赌气、耍赖的方式提醒，要有礼貌地、温和地、不固执地提醒，即所谓的“几谏”，点到为止，其余的就交给时间。如果不懂这个道理，长辈容易以势压人，是对是错你都得听，这样晚辈都成了奴隶，怎么可能进步？而晚辈容易以理压人，抓住长辈的一点错误或过失，不依不饶，无限上纲上线，这样长辈都成了罪人，怎么会有传承？

二是同辈人之间的关系，他们有爱，这说的就是“悌”。“悌”就是哥哥姐姐帮助弟弟妹妹，弟弟妹妹尊敬哥哥姐姐。平辈关系是人与人关系的主体，多数朋友、同学、同事，都是平辈。多子女家庭中，兄弟姐妹相爱相杀，长期磨炼，在家庭中即可掌握“悌”的要义，对成长更有利。恭喜你有了一个妹妹，也恭喜她有你这个姐姐，你们都能让对方更好。

能处理好这两种关系的人，怎么可能不好好读书？因为老师是长辈，敬重他就会认真听他的课，完成他的要求；他怎么可能没有团队精神？因为同事是平辈，彼此尊敬就会推己及人，善于合作；他怎么可能不务正业、不负责任、吊儿郎当、作奸犯科？这些坏根早早在家里就拔掉了。

中华文明风风雨雨，起起伏伏，永不灭绝，很大一部分原因就是从来没有放弃家庭的重要价值。将爱国家、为天下这样的宏大主题具体成爱家人、为家庭。

祝开心。

连岳

好家庭的样子

连叔：

我们家有三个孩子，我是家中老大，今年虚岁二十一了，上大二，学校是一个很普通的一本。母亲在我初二的时候出车祸去世了，父亲将我们姐弟三人养大，非常不容易。我很感激他，但这些年来我的家庭问题也一直困扰着我，让我感觉很痛苦。

我是农村人，家里少了一个劳动力，对家庭收入影响巨大，父亲拼命干活也只能维持家中最基本的开销，我也很心疼他，不想给他带来太多负担。所以高考完的那个暑假，我就开始进厂打工，大学期间，从来没有问父亲要过钱。因为弟弟妹妹年龄还小，等到将来他们上大学的时候，我的父亲年龄已经大了，供他们读书的任务要落在我的肩上，所以我很努力地学习专业知识、拿奖学金、修读双学位、参加学科竞赛、考各类证书，就是希望将来能够混得好点，让他们能靠得上我。

听起来是个很励志的故事吧，但是最近突然觉得自己这么努力好像没什么意义了。我的母亲在我记忆中是一个很美好的人，很温柔，待我很好，我很喜欢她，也很想她。在她还活着的时候，我想的是好好上学，以后带她去世界各地转转，让她衣食无忧。后来母亲不在了，我想着好好努力，照顾好她的其他几个孩子，想要供弟弟妹妹读书也是觉得母亲希望我这样做——她一定希望自己的孩子们都好好的。

自母亲去世之后，我就感觉这个世界没有人在意我了。父亲是一个很传统的中国式父亲，严肃含蓄，沉默寡言，他从来没有对我笑过，也没有表达过关心，对我说话也总是为了给我交代任务，总是骂骂咧咧的。我开始以为他就是这样的人，但是对待弟弟妹妹，他又换了一副面孔，耐心且慈爱，偶有打骂，也是恨铁不成钢。我一直安慰自己是因为弟弟妹妹年龄小，爸爸又很忙，抽不出时间来关心我，但有时候又觉得很委屈（其实是有原因的，那年母亲是为了回家看我才出事的，我很愧疚）。

我脑子很笨，也不讨喜，有了今天的成绩是一直以来努力的结果。但是上了大学之后，发现身边优秀的人太多了，又因为我们学校不好，我很担心自己将来能否承担起家庭的重任，总是很焦虑，身体也不好，在学校生过几场大病，没敢跟家里人说。就在昨天，我又一个人去医院看病，抽血化验，全程害怕得要死。但是回家之后，没有一个人问我，我更委屈了。

我知道父亲在这么艰苦的条件下供我上学，已经很不容易了，我也很感谢他，但是除此之外，我真的没有感受到任何来自这个家庭的温暖，也曾想过和他好好沟通，但最后总是以失败告终。我一直觉得，人是可以经得住苦难的，但前提是有盼头、有希望。但是我觉得我之于我们家，是无关紧要的，而我们家之于我，是无论如何都无法触及的。

现在的我，没有什么爱好，也不追星，没有特别想做的事，也没有特别想成为的人。本想一门心思朝着未来努力，但是我不知道我究竟想要什么。感觉没有努力的意义了。我知道我现在的想法有些消极，甚至有些偏执，但是我真的很迷茫，为什么会是这个样子？我不知道该怎么做了。

希望连叔能帮我答疑解惑。

一个不甚讨喜的原生家庭的孩子

* * *

一个不甚讨喜的原生家庭的孩子：

你有爱好，你的爱好是学习。二十一岁的你不追星，如果这星指的是娱乐明星，那不是什么遗憾，反而是难得的优点。青少年很难抵挡造星业的洗脑，或主动或被动从众追了星，不小心太过狂热（而这正是造星业希望的结果），将耽误人生。对娱乐明星不太在乎，这是成熟的标志，你的很多同龄人再过几年，甚至十年才能达到你今天的境界。

好社会，好国家，是由大量好的“基石家庭”构成的，它们看起来普普通通，但是保存、维护与发展了最好的价值。你们家就是好的基石家庭。你听了或许很吃惊，等我讲清楚好的基石家庭的构成，你就不吃惊了。

它的最大特点就是普通。少数家庭靠天才解决问题，这属于变异，机缘巧合，有人特别成功，特别能赚钱，特别有能量，从此难题不再是难题。基石家庭里没有变异，没有天才，大家还是普通人，努力了，似乎只是勉强完成任务，感觉好时，也不过领先一点点罢了。

既然都是普通人，它的第二特点就是家里没有圣人，人人身上都有缺点，但缺点不致命。就像你的父亲，他可能不够温柔，或许偏心。可这缺点不会让家垮掉，因为他的优点更强大，强大到支撑了家庭。一个家庭，只要一个成员有致命缺点，比如极度愚昧、极度虚荣、极度轻信，时时造作，天天上当，这家必有灾难。

所以，它最重要的特点是没人拆台，人人对家庭贡献的都是正能量。每人每天轻微的正能量累积起来，形成复利，十年二十年后就成了巨大的能量，人人不再普通，家庭也不再普通。做到这点，一要有韧性，再困难再低落，今天的事都得完成，就像你的父亲，当年痛失好妻子，独自养三个孩子，也要咬牙撑下来；二要善于原谅，家人之间互相挖缺点、挖伤害，那可以越挖越多，再善良的普通人，小毛病也是一大堆。对你父亲这种负责任的人，我觉得，他在言语上对你不够温柔体贴是可以原谅的，要知道，负责任已是最大的温柔。况且，他真是一个苦命人，陌生人都会怜悯他，别说你是他的孩子。你二十一岁了，已是时候生出悲悯之力，体验他的苦，同情他的弱。在这悲悯之中，你自己的苦与弱也会消失。

你和你们家最困难的时期已经过去了，你不必害怕，也不用想太远，每天把书读好，把自己的身体调整好，即可。你来自一个这么好的基石家庭，大学毕业时，有知识，又传承了父亲的韧性与责任感，你的能量可远不止带领好一个家庭。

祝开心。

连岳

不要欺负父母

连叔：

您好！

我是今年高三刚刚毕业的准大一新生，来自河南南阳。相信许多人看到这里都会直接想到“解放啦”“苦日子终于熬到头啦”之类的话。确实，当我看到自己460分这个一般般但却尽了全力的分数时，并没有过多的沮丧，因为家里人也觉得分数还算好，我也算是终于松了口气。

可就当我憧憬着美好未来的时候，爸爸已经因为我高昂的学费而去外地打工了，家里只剩妈妈和我。其实在一开始选学校的时候我就考虑尽量选学费低一些的，也好减轻家里的负担。但在家人一遍遍的鼓励下我还是选择了一所学费高但还不错的大学。可就在享受着被录取后的欣喜时，我开始时不时地听到妈妈在微信聊天中提到“学费高啊”“要想办法凑齐啊”一类的话。这让我本来喜悦的心情一下就坠入低谷，加上高三时养成的孤僻性格，在妈妈对我一遍遍的唠叨中我也有些控制不住自己压抑的情绪，说话的语气稍带了些脾气。就这样，在前天我将自己的情绪和想法统统说了出来，我以为只要把想法说出来就能缓解负面情绪，哪知道这之后妈妈对待我的态度也不再温柔，每次都用一种冷漠的语气和我说话。再加上最近疫情有上升的趋势，妈妈被网上的一些谣言影响了心情，以及受以前家中环境的影响，我也不善于表达自己的想法——从高中开始，我们基本就没什么交流了——种种原因导致了我和妈妈进入了"冷战"。她甚至还说以后我会嫌弃她，这让我很伤心，我没想到她会这样想，但我又不知道该说些什么。希望连叔可以帮我出出主意，我不想在这离家前最后一段和家人相处的时间里再闹不愉快！

一个着急的孩子

* * *

一个着急的孩子：

从古到今，纵览千年，中国的亲子关系经历了两极间的摇摆。

在新文化运动以前，讲得更多的是孩子对父母的敬重与服从，即使父母有过错，孩子也宜忍让，不能无礼。虽然也要求父母慈爱，但责任更多地放在孩子身上。这当然有值得检讨的地方，孩子完全听父母的，父母永远是对的，社会的活力就会消失，慢慢走向衰弱，不然，旧文化一直领先，怎么会需要新文化运动？

近几十年来，亲子关系却到了另一个极端——孩子无条件地正确，只能给他们无尽的爱、自由与快乐。父母只有义务没有权利，必须放弃权威地位，连基本的管教与批评，都被视为会伤害孩子的心理。真按这套理论去操作，任何父母都是罪人。很多人怕生孩子，怕当父母，和这套理论给人的压迫感也有一定关系——当父母如此高风险，动不动就会毁了孩子，这责任可承担不起。从孩子的角度，你肯定喜欢这个极端，你现在就在享受这个极端。

你的父母做错了什么？不嫌你分数低，支持你上更好更贵的大学，爸爸为筹学费去外地打工，这是满分的父母，一分我都不愿意扣。仅仅母亲说到要筹高学费这个事实，你就可以伤他们、怪他们、给他们脸色，觉得自己挺有理，反正你不开心就是父母的过错。你妈妈对你不再温柔，不是情理之中的吗？看到你变成一只白眼狼，她现在心都碎了，充满了怀疑、悲伤与恐惧。孩子，你还小，改还来得及，想和父母愉快相处很容易的，多想他们的付出，主动去做事，陪他们聊天，听他们唠叨，给他们希望。

《觉醒年代》里有段戏很有价值。青年毛泽东离开北平回长沙，临行前问陈独秀与李大钊二位先生：“你们真要彻底否定传统文化吗?”两先生相视一笑,说:“当然不是,现在只是权宜之计,真正的传统价值永远不能丢。”新文化的很大一部分内容是传统价值的现代化,是旧文化的重生。如果只看到其负面价值,那就只能走向虚无,自卑,无所适从。

中国人很早就开始研究人与人之间应如何相处——讲的是律己、本分、尽责、忍让。父亲要尽父亲的本分,孩子要尽孩子的本分。父父子子的表述可能是旧的,但骨子里的这些价值却不会过时。父母子女都恪守这些价值,怎么可能不愉快?你家现在的不愉快,是你父母保有了这些价值,而你却没有。你是时候追求一点价值了,至少从不欺负你的父母开始,父母欺负孩子是错的,但是孩子欺负父母也是错的。陌生人向你微笑,帮助你,你都得感恩,为何父母做得这么好,你还鸡蛋里找骨头,发脾气,恶形恶色?你这是把他们当奴隶呢?还是情感勒索他们呢?醒醒,孩子。

祝开心。

连岳

世上最辛苦的工作是什么？

连岳老师：

您好！

2021年还剩98天。我今年五年级，学习一般，长大了想当个建筑设计师，希望未来因为我的设计，让这个世界有更多美好。

从中秋节开始，我和妈妈一起参与了一个“实验”——百日计划（当然这个计划是我妈妈提议的）：

每天告别一件“无用之物”。

每天向他人释放一点善意。

爸爸妈妈会每天认真听我讲一个影响我或我喜欢的人物故事：今天我分享的就是影响我最多的人物——连岳。连岳老师解答了很多很多中小学生遇到的困惑，更解决了很多很多家庭的不幸，太伟大了。他不仅仅用文字传播了温暖和爱，更关键的是用无声胜有声的方式，温文尔雅地真诚劝说着。他从不伤求助者的自尊,直接给出有效的建议,让每一个遇到困惑的人都能找到解决问题的方法。非常棒,我非常喜欢连岳老师。如果我妈妈和爸爸也能像连岳老师一样和孩子说话,我会觉得特别幸福。

谢谢连岳老师,我目前特别普通,特别一般,唯一的特长就是画画。2020年,在全国小学生防疫漫画征稿比赛中,我获得了北京市小学生组的第一名。我的爱好是游泳,并在今年假期教会了我妈妈游泳,妈妈最近游得还挺不错的。

我想求助的问题是:怎么才能一步一步实现我未来当建筑设计师的梦想?希望连岳老师能帮助我,给我指导,谢谢您!

因为我的设计让世界变得更美好的少年

* * *

让世界变得更美好的少年:

谢谢你夸奖我,这是你向我释放的一万点善意。

不过,我听完后却有些不安、不平,甚至有一点伤感。因为你对我的夸奖最后变成了对父母的批评。从你的描述来看,我认为他们是负责任的、善于引导的好父母,他们比我更应得到你的夸奖。

没有完美的人,再出色的父母也有让孩子不满意的地方。孩子在成长中容易犯的一个错误,就是只盯着父母的不完美。即使

99分的父母，孩子天天盯着他们那1分的不完美，也会使父母变得很丑陋、很可恶，恨不得把他们换成某位同学的父母。

做负责任的父母，可能是世上最辛苦的工作。他们只要醒着，就在工作，而且没有工资；永远没有节假日，所有法定的节假日对他们来说都是必然的加班日，而且没有加班费；他们不能中途退出，无法中止合同，得养育孩子二十多年，直到孩子有一技之长，可以自食其力。在这期间，他们因为不完美，难免有这样那样的不足与无法避免的错误，还要被孩子埋怨。只有孩子有特权当这样的雇主，其他任何人敢这样对你们的父母，都违反了《劳动法》，甚至违反了《刑法》，得坐牢。所以，只要判断出某位父母能拿80分，我都会格外尊重他们，这足以证明他们是美好的人，更别说我认为你的父母至少在90分以上，请你代我转达对他们的敬意。

你想用设计让世界变得更美好，我支持你。如何起步呢？就从当一个善于发现美好的人开始。发现不了美好，就接受不了美好；接受不了美好，精神就生产不出美好；生产不出美好，就输出不了美好。这样的人，就会变成一个苛刻的人，一个冷漠的人，一个极度自我中心的人，一个内心充满仇恨的人，一个与一切美好绝缘的人。他即使掌握了一定的输出技能，比如写作、演说、绘画、设计，也只能让世界更不美好。

只要你能发现美好，接受美好，生产美好，输出美好，那么，你将来无论从事什么职业——是设计师、是老师、是科学家、是政治家、是企业家、是作家、是军人、是医生、是工人、是农民……成为任何一种自立者——你都能让世界变得更美好。

心好，就能发现美好。这点小朋友有优势，人之初，性本善。科学实验也证明人天生就有同情心，有公正心。人一出生，就有一颗好心，是后天没有维护好，才变坏的，到最后发现不了美好。教育与成长，最重要的任务就是维护这颗好心，让它变得更好，更有力量，一生不受污染。

维护好心，我觉得最方便、最有效的方法就是每天对父母释放善意，去发现他们的美好，去感谢他们的付出，去同情他们的无力，去原谅他们的过错，去爱他们，去安慰他们，乃至去保护他们，这样的孩子能让父母更加美好，必然也能让世界更加美好。

祝开心。

连岳

我们在教育中快丢失的一个好方法

岳叔叔：

您好！

看了您的《少年问答》后，我十分想问您两个问题。

到了一个新的环境后，我有了好的老师，好的同学，有了好的饭菜，但是与父母的沟通却有了许多的障碍。如：有些事我们各自看法不同，我的脾气不太好，父母的脾气也不怎么好，两股火焰碰撞在一起的威力巨大无比，好几次我与父母争得不可开交。

在与母亲争吵时，我也知道我的错误，但我总是给自己找台阶下，导致母亲更加生气。当听到她大吼我时，我心中的怒火便蹿了上来，于是与她你一言我一语地争吵，有时声音过大，父亲也会参与其中，最后吵着吵着一家人心情都不好了。有些时候父母误会我也会大声地讲我，我也不会理智地与他们解释，一下生起气来会和他们对"喷"。比如一次我写作业，字迹不咋样，还依旧交给了母亲，妈妈一见就大怒:“你的字迹怎么这么丑？我不是跟你讲了许多遍吗？让你写好看点！”听到母亲十分大声，我也有些生气了:“我正确率高！”“正确率与字迹是两码事！重新写一遍！”我生气了，于是和母亲争论起来。随着声音越来越大，父亲也参与了进来。最后结局依旧，我与他们冷战了几天。

其实我也知道自己的不足，但承受不住父母像连珠炮似的语言攻击。我也明白，其实我才是最开始的导火线，但有时，我总会不由自主地找台阶下。所以我想问岳叔叔两个问题：1. 在父母误会我时，我该怎么与他们解释呢？ 2. 怎么才能改掉自己给自己找台阶的坏习惯呢？

祝健康。

初一新生慧明

* * *

慧明:

我收到了你们老师委托他人辗转寄来的一大包信件，你们全班同学每人给我写了一封信。我原想挑出一封最有代表性的回复，顺便表达我对你们的谢意。但是这些信越看越有意思，大家都放飞自我，畅所欲言，主题覆盖少年生活的方方面面，活灵活现，我觉得必须回的信件很多。所以我改变想法，不是只回一封信，而是必须回的都回，今天就从你的信件开始。不过，我邮箱里每天还会收到许多其他少年的问题，你们班的信件不可能连续回，只能穿插着回，这意味着有些同学可能要在下个学期，甚至初二、初三才能看到回信了。这也好，到时这些同学可以回顾一下自己的成长过程。在此期间，这些同学可以通过其他少年的提问，获得启发，找到解决问题的方法。

好，开始回到你的问题。你其实问了一个人生大问题：如何让人接受自己的观点？

一个人不被他人接受，陷入孤立状态，他的作用就无法发挥。几十年后，当你们同学聚会时，将会发现，那些受尊重的同学、有成就的同学、生活幸福的同学，都是让人接受度很高的同学，他们善于说服人、影响人。

少年在家发发脾气，打打冷战，没什么严重后果。父母无条件地接受你，不会断你的粮，不会停止照顾你，几天后你们重归于好。这是家庭的温暖所在，也是家庭的缺陷所在。如果利用温暖放大缺陷，那么爱就成了害。

你的自省能力很强（这是进步的高起点），对自己的缺陷很了解：总是给自己的错误找台阶下，别人不让下就发脾气。你犯了两大逻辑错误：一是转移议题，你讲东，我讲西，你说字迹，我说正确率，一定要绕回有利于自己的议题上；二是用情绪说话，总是试图用更剧烈的情绪迫使对方让步。

别说你只是少年，很多人终生都改不了这两大错误，为什么呢？因为他们用这两大错误在爱他们的人那里占尽便宜。孩子从小凭直觉使用这两大错误获益，若得不到修正，将来用在同学、同事以及其他所有人身上，他将很快得到一个标签：这人不讲道理、不会克制情绪。从此后，你讲的任何东西，即使是正确的，他人也不会接受。这又让你更沮丧，情绪更失控，犯的错更大。

中国的传统教育，强调的一大重点是孩子在父母师长面前要恭敬，在接受教育时，不仅不能发脾气，还要训练自己面容温和，心甘情愿。在很长时间里，这一重点被丢弃了，甚至被当成了“不平等”被批评，实在是很可惜的事。其实这抓住了不把爱变成害的要点，一个温和、平静、有礼貌的孩子，就不会把他人对自己的爱折腾成纵容，他更容易接受父母师长教育中合理的部分，而不是找出缺点来杠。这样的人，进化能力很快，被接受度很高，人生幸福。所以，我觉得你接下来的努力方向很简单，那就是克制情绪。父母批评你，有则改之，无则忍住，不发脾气，不对抗。开始忍肯定难受，可是忍几次后收获会很大。你的个人形象变成了“讲道理、能接受批评”，你说的话就会受重视，你对父母的影响力增长，他们也会越来越客观，对你的脾气也会越来越好。你们的交流必然更顺畅、更高效、更温暖。

祝开心。

连岳

图书在版编目（CIP）数据

我爱问连岳之少年问答 . 2 / 连岳著 . 一南京：译林出版社，2022.5

ISBN 978-7-5447-9101-4

Ⅰ. ①我… Ⅱ. ①连… Ⅲ. ①青少年教育 - 问题解答 Ⅳ. ①G775-44

中国版本图书馆 CIP 数据核字（2022）第 047880 号

我爱问连岳之少年问答2　连　岳／著

策　　划　郑燕平
责任编辑　王　玥
特约编辑　李　蕊
装帧设计　木　宁
校　　对　孙玉兰
责任印制　颜　亮

出版发行　译林出版社
地　　址　南京市湖南路 1 号 A 楼
邮　　箱　yilin@yilin.com
网　　址　www.yilin.com
市场热线　025-86633278
排　　版　南京展望文化发展有限公司
印　　刷　江苏凤凰通达印刷有限公司
开　　本　880毫米 ×1240毫米 1/32
印　　张　8.125
插　　页　2
版　　次　2022 年 5 月第 1 版
印　　次　2022 年 5 月第 1 次印刷
书　　号　ISBN 978-7-5447-9101-4
定　　价　39.80 元